JN208090

MICHELLE OBAMA

In Her Own Words

a Fat Pencil LLC

本人自らの発言だからこそ見える真実

ミシェル・オバマの生声《なまごえ》

リサ・ロガク＝編　池田真弥子＝訳

文響社

生声とは

生声《なまごえ》とは、
その人物がインタビューや演説などで発した
ありのままの言葉である。

本シリーズは、
世界に影響を与える人物の素顔と、
その哲学の核心を、第三者による脚色がない、
純度の高い言葉を通してお届けする。

MICHELLE OBAMA IN HER OWN WORDS
Copyright © 2016 by Lisa Rogak d/b/a Fat Pencil LLC
Japanese translation rights arrangement
with the Mendel Media Group LLC of New York
through Japan UNI Agency, inc.

序章

リサ・ロガク

バラク・オバマは、第44代合衆国大統領だ。世界は、バラクが今後成し遂げることだけでなく、ミシェル・オバマがどんなファーストレディになるかということにも関心を寄せている。[1] 長い選挙運動期間を通して、ミシェル・ロビンソン・オバマは、その発言、行動、外見に至るまで、多大な注目と賛辞、そして批判を浴びた。しかし、彼女がホワイトハウスの住人になったとき、どういう役割を果たしていくか、知っている人はごくわずかだ。

1つ手がかりになるとすれば、過去の言葉や発言を考察することだろう。本編の目的は、アメリカの歴史を作る新たなファーストレディについてもっと知りた

1）本書の原書『Michelle Obama In Her Own Words』が刊行された2009年当時。

いという読者のために、ミシェル・オバマの弁から特に印象的なものを集めることだ。彼女は、シカゴ市長執務室やシカゴ大学で重役として働いた、非常に優秀な女性である。その点は疑いようがない。夫となる男性に出会う何年も前から、自分だけの確かなキャリアを築こうと邁進してきた。一部では、大いなる意欲と志はバラクに、優れた知性はミシェルにあるとする声も聞かれる。

そうした成功をよそに、いまでも彼女は決まって、一番大切な仕事は、大統領夫妻の子どもとなった二児の母親でいることだと話す。「最初の仕事は、ママ司令官を続けることとです。娘たちがこの移行期間中も落ち着いていられるように、これからも家族の中心は自分たちだと理解してくれるように努めます」とは、選挙からわずか数時間後に語ったことだ。

ファーストレディとしてミシェルがどんな仕事をするか、時間が経てば明らかになるだろう。その間本書では、この歴史的な女性について、より鮮明な人物像がつかめるよう、読者のお手伝いをしたい。

略歴

ミシェル・ラボーン・ロビンソンは、１９６４年1月、市の水道局職員だったフレイザー・ロビンソンと、秘書業に就いていたマリアン・シールズとの間に生まれた。子ども時代を過ごしたのは、シカゴのサウス・サイドにあるワンベッドルーム[2]の共同住宅で、寝室は16か月違いの兄クレイグと共用だ。町の人からはよく、「双子」と言われていた。

父方の高祖父、ジム・ロビンソンはサウスカロライナの奴隷だった。祖父は、１９００年代前半のアフリカ系アメリカ人の大移動《グレートマイグレーション》で、南部のあからさまな人種差別から抜け出そうと、シカゴに移り住んだ。子ども時代のミシェルは、白人世帯が郊外に静かな暮らしを求め、自分たちが住む街中の貧困地区から離れていく

2）リビングとベッドルームからなる1人～2人暮らし向けの間取り。

のを見ていた。いわゆる１９６０年代、１９７０年代の白人の脱出《ホワイトフライト》である。一家は地区に残ったが、フレイザーとマリアンは、そこで子どもたちが十分な教育を受けられるようサポートすることに専念した。

ミシェルの生まれ持った知性は、早いうちから顕著だった。４歳になる前から文字を読み、２年生は飛び級している。６年生になる頃にはギフテッドのクラスに在籍、そこでフランス語を学び、上級クラスを履修した。高校は、ギフテッドの子どもを対象としたシカゴ市初のマグネットスクール、[3] ホイットニー・ヤングに進学。高校での４年間、毎年成績優秀者のリストに名を連ね、アドバンスト・プレイスメント[4]の授業を受けた。全米優等生協会のメンバーにも選ばれ、１９８１年に次席で卒業している。未来は明るく輝いていた。

その後、プリンストン大学に入学。１９８５年、社会学の学位を取得し卒業。クム・ラウデ（成績優秀者）の称号を受けている。ミシェルがプリンストンに通っていたのは、国中で積極的格差是正主義《アファーマティブアクション》をめぐる議論が盛り上がっていた時期だ。卒業論文は、『プリンストンで教育を受けた黒人と黒人コミュニティー』。次いで、ハーバード大学法科大学院に進み、１９８８年に法務博士号を取得。バラク・オバマの先輩にあたるが、二人の出会いはミシェルの卒業後1年経ってからである。

ハーバードを出たあとは、シカゴの一流法律事務所シドリー・オースティンに就職を決めた。1989年、夏のインターンに来たハーバードの法学生、バラク・オバマの指導にあたる。バラクからデートに誘われたが、最初は指導係だからと断っている。しかし、バラクはあきらめず、ミシェルも彼に惹かれていたため、消極的ながらも申し出を受け入れた。最初のデートで観たのは、スパイク・リー監督の映画『ドゥ・ザ・ライト・シング』。その後バラクは、コミュニティー・オーガナイジング[5]の集会にもミシェルを伴っている。1992年10月18日、結婚。

同時期、ミシェルは法律事務所を去り、リーダーシップ育成を行う非営利プログラム、パブリック・アライズのシカゴ支部事務局長となる。バラクも地域の非

3）優秀な子どもが集まる、特殊なカリキュラムを持つ公立高校。
4）APプログラムとも呼ばれる、大学レベルの先取り学習。
5）地域住民を組織化し、共通の利益のために行動すること。

営利組織で働きつつ、その一方で政治的野心を追いかけていた。１９９６年には、イリノイ州議会上院議員に選出されている。同じ年、ミシェルはシカゴ大学の学生サービス副部長に就任。同大学初の地域社会奉仕プログラムを開発した。その仕事を離れたあとは、数年間市役所で働く。シカゴ市長リチャード・デイリーの補佐官と計画開発局コミッショナー補佐を務めた。

バラクとミシェルに子どもが生まれたのは、結婚して7年ほど経った頃だ。長女のマリアは１９９９年生まれである。2年後の２００１年、ナターシャ（通称サーシャ）が続く。

子どもが生まれる前は2人とも、毎日夕食をともにするような家族になりたいということで、意見が一致していた。ところが、バラクが政治家としてキャリアを築き始めると、夜も家を空けることが多くなり、家庭生活の理想はくじかれてしまった。これはミシェルにとって腹立たしいことであり、夫に約束を破られたような気がした。結果として、夫婦の間には数年にわたり少なからぬ摩擦が生じ、ミシェルは自分の境遇に釈然としないものを感じていた。しかし、実母や女友達に子育ての手伝いを頼むようになると、バラク、ミシェル双方のストレスは大幅に軽減し、結婚生活も落ち着いた。

ミシェルは、夫と子どものことになると、規律を大切にする。毎日、マリアとナターシャのために「やることリスト」を書き出し、遊ぶ時間を確保する。たいてい夜9時半までには就寝し、朝4時半に起き出して、少なくとも1時間運動している。

傍目には、おそらく彼らの友人から見ても、オバマ夫妻の結婚生活はちょっとした謎だ。ミシェルが家庭の主導権を握っているという声もあれば（バラクがミシェルを「ボス」と呼んでいることは、夫婦とも公に認めている）、2人の関係は対等なパートナーシップであり、ミシェルなしでは大統領職に手が届くことはなかったと見る向きもある。

2004年、合衆国上院に出馬していたバラク・オバマは民主党全国大会で基調演説を行い、一気にスター街道を駆け上がった。国民にバラクの存在を知らしめたのは、彼自身のスピーチだったかもしれない。しかし、選挙に勝つための後押しに欠かせなかったのは、ミシェルの人脈だ。バラクは多くの影響力ある黒人ビジネスリーダーから支援を受けたが、彼らは概して、バラクよりもそれまでのキャリアゆえにミシェルと親しかった。バラクが上院に議席を獲得したときも、ミシェルは自分の志を手放していない。夫婦の判断で、平日はバラクがワシントンに暮らし、ミシェルは子どもとシカゴに残るのが最善だろうということになった。どんなときも、彼女は自分自身のキャリアにひたむきだったのだ。2005年5月には、シカゴ大学病院の地域・外務担当副院長に就任している。

当初、ミシェルは夫が大統領選に打って出ることなど考えたくもなかった。合衆国政府の最上層を目指すことで、誰かに自分や家族の人生に土足で踏み込まれるのが嫌だったし、内心では、常軌を逸した差別主義者の銃弾によって、家族の平穏が壊されるのではないかと危惧していた。それでも、ひとたび決断すると、ミシェルは与えられた任務に大きな情熱をかたむけ、バラクが国の最高位を勝ち取れるよう全力でサポートした。

1964

1月17日、アメリカのイリノイ州シカゴのサウス・サイドでミシェル・ラボーン・ロビンソンが誕生。大おば夫妻の家の2階を間借りする形で、両親と兄との4人で暮らす。

1981

シカゴのホイットニー・ヤング高校を次席で卒業。幼少期から学業で優秀な成績を収めてきたミシェルは、高校でも毎年、成績優秀者のリストに名を連ね、アドバンスト・プレイスメントの授業を受講し、全米優等生協会のメンバーに選出された。

プリンストン大学に入学し、社会学を専攻。

1985

プリンストン大学を卒業、社会学の学士号を取得。成績優秀者に与えられるクム・ラウデの称号を受ける。ハーバード大学法科大学院に進学。

1988

ハーバード大学法科大学院を卒業、法務博士号を取得。

シカゴの法律事務所シドリー・オースティンに就職。

1989
ハーバード大学から夏のインターンに来たバラク・オバマの指導を担当する。

1991
3月、長年多発性硬化症に苦しんでいた父フレイザーが死去。

1992
10月18日、バラク・オバマと結婚。

1993
非営利団体「パブリック・アライズ」のシカゴ支部事務局長に就任し、リーダーシップ育成に取り組む。

1996
シカゴ大学の学生サービス副部長に就任し、同大学初の地域社会奉仕プログラムを開発。
バラク・オバマがイリノイ州議会上院議員選挙に出馬し、当選。

1999
7月4日、長女マリア・アン・オバマ誕生。

2001
6月10日、次女ナターシャ・マリアン・オバマ誕生。

2004
バラク・オバマが民主党全国大会で基調演説を行い、注目を集める。
バラク・オバマが合衆国上院議員選挙に出馬し、当選。

2005
シカゴ大学病院の地域・外務担当副院長に就任。

2007
2月10日、バラク・オバマがアメリカ合衆国大統領選に立候補。

2008
1月のアイオワ党大会後、選挙活動に専念するため、シカゴ大学病院を休職。
11月4日、バラク・オバマがアメリカ合衆国大統領選に当選。

2009
1月20日、バラク・オバマの大統領就任式で、ファーストレディとしての活動を開始。

2010

「Let's Move!」キャンペーンを開始し、子どもの肥満問題に取り組む。

軍人家族への支援を目的とした「Joining Forces」プロジェクト立ち上げに着手。

2012

11月6日、バラク・オバマが大統領選で勝利し、再選を果たす。

「Reach Higher」イニシアチブを開始し、高等教育の重要性を啓発する活動を行う。

2017

1月、バラク・オバマの2期目の大統領任期終了。

2018

自伝『Becoming』（邦題：『マイ・ストーリー』）を出版し、ベストセラーとなる。

CONTENTS

PART 3 邁進 2007後半

PART 4 混沌

2008前半

PART 5 ファーストレディ

2008後半

PART 1

1985-2006

政治家の妻

結婚してすぐに政治家としての
キャリアを歩み始めたバラクに対し、
ミシェルは母親として、
そしてキャリアを追求する女性として、
家庭と仕事の両立に苦心していた。
やがて2004年の
民主党全国大会での演説が注目を集め、
無名の議員にすぎなかったバラクは、
一躍未来の大統領候補として
もてはやされ始める。

キャンパスの部外者

プリンストンでは、一部の白人教授やクラスメイトが私にどれほどリベラルで偏見のない態度を示そうとしても、ときとして自分はキャンパスの部外者だ、この大学の一員ではないと感じてしまうことに気がついた。

――卒業論文『プリンストンで受けた黒人と黒人コミュニティー』
1985年

I have found that at Princeton no matter how liberal and open-minded some of my white professors and classmates try to be toward me, I sometimes feel like a visitor on campus, as if I really don't belong.

プリンストン入学によって選択した道をこのまま進めば、白人文化、白人社会の構造に一層融合し、同化することになるだろう。私に許されるのは、その片隅に留まることだけで、完全な参加資格を得ることは決してない。

――卒業論文『プリンストンで教育を受けた黒人と黒人コミュニティー』
1985年

The path I have chosen to follow by attending Princeton will likely lead to my further integration and/or assimilation into a white cultural and social structure that will only allow me to remain on the periphery of society, never becoming a full participant.

有名人バラク・オバマ

これまでも夫は注目を集めてきましたが、調子に乗ることなんてありませんでした。[6]それは、私たちがアメリカ中西部のごく素朴な価値観で育ってきたからです。大切なのは、人としてどうあるか、他者にどう接するかであって、学位や地位ではないのです。喜ばしいことではありますが、彼はうぬぼれたりしないでしょう。

――『アーリントン・ハイツ・デイリー・ヘラルド』紙
2004年7月27日

6）2004年7月27日、民主党全国大会でバラクが基調演説を行い、大きな話題となった。

He's had some attention in his life, and it's never gone to his head because we were raised with really pretty basic Midwestern values. It's who you are as a person and how you treat others that matters, not the degree you hold or the position you hold. All of this is very flattering, but he will not get a big head.

結婚する気がないのなら、私の時間を無駄にしないでよ、と彼に言いました。

――『シカゴ・サンタイムズ』紙　２００４年９月19日

I told him if this isn't leading to marriage, then, you know, don't waste my time.

独立している2人

私たちはそれぞれ職業人として独立しています。2人とも頑固で、夫には夫の、私には私の考えがあります。何事においてもそうなんです。

――『シカゴ・サンタイムズ』紙　2004年9月19日

We do operate as individual professionals. And we're both stubborn. He has his opinions, I have mine. Just like everything else.

一家に1人で十分

政治家は一家に1人で十分。

『ヘラルド・ニュース』紙　2004年10月14日

One politician in the family is enough.

自分がどんな人間か、どんな人間でいたいかを考える猶予を持ちましょう。（略）私たちは常に「実行」モード。もう少し「内省」モードも必要です。

――『ザ・ネイパービル・サン』紙　２００４年10月18日

Give yourself the space to think about who you are, who you want to be. . . . We're [always] in "do" mode. We need to be in "reflection" mode a bit more.

信用ならない政治の仕組み

政治に関しては、プロセスが信用ならないと思っていました。世のため人のために、現実の問題を解決できるような仕組みになっているとは思えなかったのです。ですから、バラクが州議会上院に立候補したいと言ってきたとき、私がどう感じたか、だいたいお分かりになるでしょう。「私はあなたが格好よくて頭がいいと思ったから結婚したの。これまであな

I didn't come to politics with a lot of faith in the process. I didn't believe that politics was structured in a way that could solve real problems for people, so you can imagine how I felt when Barack approached me to run for state senate, I said, "I married you because you're cute and you're smart, but this is the dumbest thing you could have ever asked me to do."

たに頼まれたことの中で、一番バカバカしいことを言っているわよ」と返しました。
私を含め誰にとっても幸いなことに、バラクは私ほどひねくれていませんでした。
夫は、アメリカの人々には分別があり、事態の改善を求めていると知っていたのです。

――「ユニバーシティー・ワイヤー」２００４年10月26日

Fortunately for all of us Barack wasn't as cynical as I was. He knew that the American people knew better and wanted better.

キャリアについて

ほかの分野でも経験を積んでみたかった。私にはそれ（企業弁護士としてのキャリア）だけ（で十分）と決めてしまうのは、あまりにも窮屈だと感じたんです。

『デイリー・プリンストニアン』紙　2005年12月7日

I wanted to experience other fields. I thought it was too limiting to decide already that [a corporate law career] was [enough] for me.

勉強していないときは働いていました。

『デイリー・プリンストニアン』紙　２００５年12月７日

When I wasn't studying, I was working.

いつも言いたくなる

日曜日にマリアのバスケットボールの試合があるから（シカゴに）残るか、ニュージャージーへ出向いてコーザインの州知事選挙を応援するか、難しい選択だったでしょう。このときはコーザインのほうに行きましたが、いつも「ねえみなさん、ここに家族がいるのよ」と言いたくなります。

――『シカゴ・トリビューン』紙　2005年12月25日

It's a tough choice between, Do you stay for Malia's basketball game on Sunday or do you go to New Jersey and campaign for Corzine? Corzine got it this time around, but it's a constant pull to say, Hey, guys, you have a family here.

疲れ切ってしまうこともあります。何といっても、24時間年中無休ですから。少しでも落ち着いて暮らすためにどんなサポートが必要なのか、夫婦で考えなければなりませんでした。私は、子どもたちの父親からサポートがほしかったのですが、それが無理だとしても、とにかく手を貸してくれる人を求めていたんです。子どもたちが幸せで、父親とのつながりを感じているかぎり、バラクでも誰でも大差ないことです。だから、割り切るしかありませんでした。協力してくれるのは、彼ではなく、母であり、友人であり、ベビーシッターです。

――『シカゴ・トリビューン』紙　2005年12月25日

At times it can be wearing, because you're on 24/7. Part of what we've had to figure out is what kind of support do I need to make my life less hectic? I'd like the support to come from Dad, but when it can't, I just really need the support. It doesn't really matter whether it's him or not as long as our kids are happy and they feel like they are connected to him. So I have to get over the fact that it's not him. It's Mom, friends, babysitters.

有名人ミシェル

少しでも依頼にこたえようとすれば、上院議員の妻として、毎晩演説することになるでしょう。でも、私はしません。不可能だから。親として、ポットラック[7]やプレイデート[8]、お迎えや子どものスケジュール管理については、ほとんど私がやっています。いまのところ演説のリクエストは下火になっていません。全国規模の話ですよ。時々あぜんとしてしまいます。本当に私でいいの？　って。

――『シカゴ・トリビューン』紙　2005年12月25日

7）持ち寄りパーティー
8）子ども同士を遊ばせる約束

I would be speaking every night of the week as the senator's wife if I tried to meet a fraction of the requests, but I don't because I just can't. I'm the parent, so when it comes to potlucks and play dates and pickups and keeping the kids on cue, that's generally me. The requests haven't died down. It's national. Sometimes I'm amazed. It's like, are you sure you want me?

バラクが上院議員だからといって、彼や私の態度が変わったりしたら、家族の笑いものです。私たちのことを散々おちょくる兄もいるんですよ。

――『エボニー』誌　2006年3月

I'd get teased in my family if Barack or I started acting differently just because he's a senator. I have a big brother who would talk about us like dogs.

あなたには無理よ

あなたにグッディバッグ[9]の用意は無理よ。ちょっと説明させて。まずパーティー用品店に行って袋を選ぶでしょう。それから袋に入れるものを選ぶの。男の子用の袋に入れるものと、女の子用の袋に入れるものを別々にね。店に入って棚の間を1時間もうろうろしていたら、あなた頭が爆発しちゃうわよ。

――ミシェル・オバマの言葉『Barack Obama:The Audacity of Hope』(邦題:『合衆国再生―大いなる希望を抱いて』、原書2006年刊)

9) パーティーに来てくれた子どもたちに渡すお楽しみ袋。

[He] can't handle goody bags. Let me explain the goody bag thing. You have to go into the party store and choose the bags. Then you have to choose what to put in the bags, and what is in the boys' bags has to be different from what is in the girls' bags. You'd walk in there and wander around the aisles for an hour, and then your head would explode.

PART 2

2007前半

出馬

2007年2月、
バラクは大統領選への出馬宣言を行い、
本心では普通の生活を続けていたかったミシェルは大きな葛藤を抱える。
しかし、混迷のアメリカに
今こそバラクの力が必要だと感じ、
選挙戦に全力を尽くすことを誓った。
史上初の黒人大統領を目指す
前代未聞の闘いが、幕を開けた。

政治に対して考えていたこと

多くの人と同様、政治に対して私も、世の中に役立つことなんて大して考えていない、よこしまであくどい人たちがやるものだと考えていました。

AP通信　2007年3月1日

Like most people, my view about politics had been that politics is for dirty, nasty people who aren't trying to do much in the world.

私たちは、どうにかしてすべてをこなすことが名誉のしるしだと自分に言い聞かせていますが、多くの場合そうするほかないだけです。結果として自分を見失うことのないよう、よくよく気をつけなければなりません。[10]

――応援演説　２００７年４月18日

10）仕事と子育てのこと。

We try to convince ourselves that somehow doing it all is a badge of honor, but for many of us it is a necessity and we have to be very careful not to lose ourselves in the process.

仕事と子育ての両立

母はいつも、（私が）どうやりくりしているか分からないと言います。本当に分からないみたいです。

応援演説　2007年4月18日

My mother says all the time, she doesn't know how [I] do it. And she means it.

いつも夫をからかっていますよ。今日も、彼が朝食を作ったあと、またバターが出しっぱなしになっていたんです。だから、こんなふうに言いました。自業自得ね。みんなに話すわ。これから私のスピーチがあるって知っているでしょう。どうしてバターをしまわないの？そうしたら彼、自分は私に話のネタを提供しているだけだって言うんです。

——応援演説　２００７年４月18日

I tease him all the time. Today, he still didn't put the butter up after he made his breakfast. I was like, You're just asking for it, you know that I am giving a speech, why don't you just put the butter up? He said he was just giving me material.

私が実現してほしいと願うことの１つは、この国が、世界が、黒人であるとはどういうことか、新たな一例を目にすることです。

『シカゴ・トリビューン』紙　２００７年４月22日

One of the things I hope happens is that this country and this world see yet another image of what it means to be black.

キャリアのためだからといって、バラクはむやみに私を頼ったりしません。私だってキャリアのために彼を頼ったことなど一切ありません。私がキャリアを築くのに夫の影響力を利用していないこと、その点をはっきりさせたい人々の気持ちは理解できます。そんなことはしていませんよ。

——『シカゴ・トリビューン』紙　２００７年４月22日

Barack hasn't relied deeply on me for his career path, and I haven't relied on him at all for mine. I understand why people want to make sure that somehow I'm not using my husband's influence to build my career, and I haven't.

ただの人間

夫は才能に恵まれた人ですが、
結局はただの人間です。

――『シカゴ・トリビューン』紙　２００７年４月22日

He's a gifted man, but in the end, he's just a man.

全国で目にする反応に、少し戸惑っています。時々、わけが分からなくなるんです。この人目当てでみんなここに来たの？　バラク・オバマのために？　って。

――『コンコード・モニター』紙　2007年5月5日

I'm kind of thrown by the reaction we're getting all over the country. Sometimes I wonder, you're all here for this guy? Barack Obama?

ひと月おきに

子どもたちが生まれて以来ひと月おきに、「私はよい親だろうか？家にいてよいものか？家にいるべきか？どうやって全部のバランスを取ろう？」と考えては葛藤しています。自分は仕事をすべきなのか、毎年心が揺れます。

――『ワシントン・ポスト』紙　2007年5月11日

Every other month since I've had children I've struggled with the notion of "Am I being a good parent? Can I stay home? Should I stay home? How do I balance it all?" I have gone back and forth every year about whether I should work.

バラクを当てにして答えをもらおうとか、満たしてもらおうとするのではなく、自分の正気を保つことに専念しなければいけないと悟りました。私には支えが必要です。それがいつもバラクでなくたって構いません。バラクの協力を得られないからといって腹を立てる必要はないのです。

――『USAトゥデイ』紙　2007年5月11日

I realized that I needed to focus on what kept myself sane instead of looking to Barack to give me the answers and to help fulfill me. I need support. It doesn't always have to come from him, and I don't need to be angry because he can't give me the support.

バラクについて

魅力的で楽しく、
控えめな男性だと思いました。
真面目な人ですが、
自分のことはさほど深刻に
考えないのです。

――『USAトゥデイ』紙　2007年5月11日

I found him to be charming and funny and self-deprecating, and he was very serious but he didn't take himself too seriously.

料理が大好きってことはないですね。

『ワシントン・ポスト』紙　２００７年５月11日

Cooking isn't one of my huge things.

互いに別個の職業人として、不安に思うこと、苦労していることを話し、相手に意見をもらったら、話はおしまい。あとは自分で何が最善かを考え、結論を出すのです。

――『ＵＳＡトゥデイ』紙　２００７年５月11日

As individual professionals, you talk about your fears, you talk about your challenges, and you get feedback, and then you go off and make decisions based on what you think is best.

バラクと私は、これまでずっと仕事上互いから独立した存在でした。そういう関係を気に入っているのです。私は夫の仕事をやりたくないし、夫に自分の仕事をやってほしいとも思いません。だから、2人とも日々暮らしていくこと、健全な生活を続けることに注力しています。その点では、夫にとって私が一番のアドバイザーだと言えるでしょう。

――「グッド・モーニング・アメリカ」 2007年5月22日

Barack and I have always been professionally independent, and I like it like that. I don't want to do my husband's job, and I don't want him to do mine. So we're focused on our day-to-day life and existence and making sure that we stay whole. And I would say that in that respect, that's where I'm his biggest adviser.

やれやれ

やれやれ。
一体誰が、こんな所に座って
「大統領とファーストレディに
なる覚悟ならできています」
なんて言えるんでしょう？

――『ニューヨーク・タイムズ』紙　２００７年５月18日

My God, who can sit here and say, I'm ready to be president and first lady?

黒人コミュニティー内では誰もが言っていることですが、メディアを通して私たちの全容を見ることはできません。そこに映るのは、切り取られ、歪められたコミュニティーの姿です。だから、バラク・オバマとミシェル・オバマはどこか違う、異色だという見方になるのです。でも、そんなことはありません。ただ、世間に見えていなかっただけなのです。

――「グッド・モーニング・アメリカ」　２００７年５月22日

As we've all said in the black community, we don't see all of who we are in the media. We see snippets and distortions of our community. So the world has this perspective that somehow Barack and Michelle Obama are different, that we're unique. And we're not. You just haven't seen us before.

夫の大統領としての手腕

夫は信じられないくらい頭がよくて、強い女性の扱いに長けています。それが、大統領になれると思う理由の1つです。だって、私の相手ができるんですよ。

「グッド・モーニング・アメリカ」　2007年5月22日

He is incredibly smart and he is very able to deal with a strong woman, which is one of the reasons he can be president, because he can deal with me.

私、とにかくよくしゃべります。

「グッド・モーニング・アメリカ」　２００７年５月22日

I've got a loud mouth.

柔軟性を持つ

練度はさまざまですが、私にたくさんのスキルがあることを前提として、そのとき必要とされる自分になろうと思います。そうするとやはり、国が求めるもの、家族が求めるもの、バラクが求めるもの次第ということになります。だから、求められたことは何でもやるという柔軟性を持っていたいのです。

――「グッド・モーニング・アメリカ」2007年5月22日

Given the many skills that I have on so many different levels, I will be what I have to be at the time. And it really will depend on what the country needs, what my family needs, what Barack needs. So I want to remain flexible enough so whatever is needed of me, that's what I will do.

バラクの欠点

我が家に住むバラク・オバマは、それほど立派な人物ではありませんよ。いまだに、靴下を洗濯かごに入れるということが満足にできないし、ベッドメイクの出来栄えはサーシャといい勝負です。

ですから、バラク・オバマを取り巻くこの状況に、私が言葉を失っているとしても、お許しくださいね。

――AP通信 2007年5月29日

The Barack Obama who lives in my house is not as impressive. He still has trouble putting his socks actually in the dirty clothes [hamper], and he still doesn't do a better job than Sasha at making his bed, so you'll have to forgive me if I'm a little stunned at this whole Barack Obama thing.

我が家にはルールがあります。私は茶化してもよいけれど、夫は不可。

――AP通信　2007年5月29日

We have a rule in our house that I can tease and he can't.

出馬

２００７前半

バラクは特別です。彼を独り占めするつもりはありません。娘たちについても同様です。もしもアメリカが、学校や医療を改革し、奮闘中のお母さんたちに手を差し伸べ、国際的な軌道に乗り直すことができるとしたら。現状のごたごたが何ですって？大仕事ですが、対処して見せます。

――『ピープル』誌　２００７年６月18日

Barack is special, and I'm willing to share him. I'm willing to share the girls. If we can have better schools and health care and help moms who are struggling and get back on track internationally, then all this? Big deal. I can handle it.

PART 3

2007後半

邁進

民主党の大統領候補者争いで、
ヒラリー・クリントンを前に
劣勢に立たされていたバラク。
秒刻みの選挙活動の中で、
ミシェルの演説の機会も増えていく。
次第に規模を増す聴衆に対して
ミシェルが語りかけたことはいつも、
「私はみなさんと変わらない」
というメッセージだった。

世間の目にさらされているという点を除けば、いまの私の生活は、みなさん方の生活と少しも違いません。よく言っていることとです。この部屋にいるほとんどの女性と同じように、私も毎朝、今日１日を乗り切るためにはどんな「小さな奇跡」が必要か、考えながらベッドを出ます。

――応援演説　２００７年７月８日

With the exception of life in the public eye, I'd say that my life now is really no different from many of yours. I say this often. I wake up every morning like most women in this room, wondering what minor miracle I have to pull off to get through my day.

私が日々をうまく乗り切れるかどうかは、女同士の関係にかかっています。母、伯母、友だち、ご近所さん、子どもたちの学校のお母さん方。気持ちの上でも実生活においても信頼し合える、素晴らしいネットワークがあるのです。私は彼女たちの中に、唯一無二の慰めと安らぎの場を見いだしています。私たちは、互いの拠り所となっているのです。

――応援演説　2007年7月8日

My ability to get through my day greatly depends upon the relationships that I have with women: my mother, my aunt, my girlfriends, my neighbors, the mothers in my children's school. I have this wonderful network of women where we rely upon one another for emotional and practical support. In these women I find a place of comfort and sanity and peace like no other. We ground one another.

ストレスとの付き合い方

私たち（女性）はストレスの多い、忙しい生活を送っていますから、メンタルを完全に整えるということはなかなかできません。自分のために息抜きしてもよい、動き回るのをやめて静かに人生を振り返ってもよいなんて、いまはまだ思えないのです。そういう自覚はあります。事実を言うと私は、子どもたちを8時半に寝かしつけたら即座に――テレビのリモコンをポチポチ。あとはくつろいで、内省するだけの時間が必要です。

――応援演説　２００７年７月８日

Our high stress levels and busy lives also make it difficult for us to be completely on point mentally. We've not yet embraced the notion that it's OK for us to take time out for ourselves, to find the time to be still, to be quiet and to reflect on our lives. I know I can't do it. You know, the minute my kids go to bed at 8:30—click, click, the TV. And I need time to wind down and to just reflect.

（うちの）子どもたちとシークレット・サービスが一緒のところを見ているとおかしくて。あの人たちは、本当に「シークレット」でいようとしてくれるんです。それなのに、出かけた先で彼らがさりげなくふるまっているとき、サーシャは「見て。あそこに１人。見えてるよ。シークレットの人だ」なんて言うんです。

――応援演説　２００７年７月８日

It's very funny watching [our] kids with the Secret Service, because these guys are really trying to be secret. And we go to places where they're trying to not look, and Sasha's like, Look, there's one. I see you. It's one of the secret people.

アメリカ

この国は共感不足にあえいでいます。ほかの人の立場に立って考える気持ちがなければ、諸々の問題を切り抜けることは難しいでしょう。1つの国として私たちに必要なのは、お互いが根本的な部分で、深く気遣い合うようになることです。

——米国公共ラジオ放送「オール・シングス・コンシダード」
2007年7月9日

This country is suffering from an empathy deficit. If you don't have it in you to be able to walk in another person's shoes, it's going to be difficult for us to move through these problems. What we need as a country is to start caring for one another in a very deep and fundamental way.

考えただけでげんなり

トイレの水が溢れたら、朝9時の会議の予定を大慌てで変更し、修理業者の対応をするのは私たちです。その上、見栄えも人当たりもよく、快活な妻でいるべき、身なりを整え、屈託なく、パートナーを支える心構えを持つべきという社会的なプレッシャーもあります。みなさんにも同意いただけるでしょう。考えただけでげんなりします。

――米国公共ラジオ放送「オール・シングス・コンシダード」
２００７年７月９日

If a toilet overflows, we're the ones frantically rescheduling the 9:00 A.M. meetings so that we can meet the plumber. And we have the added social pressure of being attractive, charming, and delightful mates, well-groomed, in good spirits, ready to be supportive of our significant others. I know I can get an amen on that. I'm tired just thinking about it.

イラクについて

何百万ドルも戦争につぎ込まなければ、国民皆《かい》保険が実現します。何百万ドルも戦争につぎ込まなければ、国中の子どもたちのために教育を拡充し、改良できます。戦争にお金をかけなければ、保育も改良できるでしょう。

――米国公共ラジオ放送「オール・シングス・コンシダード」
2007年7月9日

Instead of putting millions into a war, we could be providing universal health care. Instead of putting millions into a war, we could be expanding education and increasing the quality of education for all children. Instead of putting money into a war, we could be providing better quality childcare.

我が家では、ハリー・ポッターが大人気です。全部バラクがやっています。ハリー・ポッター係ですから。

——AP通信　2007年7月18日

Harry Potter is huge in our house. He handles all of that. Barack is the Harry Potter parent.

黒人とは何か

私たち国民はいまだに、黒人とは何か、よく分かっていません。[11]

——『シカゴ・サンタイムズ』紙　２００７年８月５日

We are still struggling as a people with what is black.

11）バラク・オバマは黒人らしくないと言われることに対して。

私が何より心配しているのは、バラクや私について言われていること（オバマ夫妻は十分黒人らしいのかという問い）ではありません。それが、娘たちにとってどういう意味を持つかということです。ミシェル・オバマに黒人らしさが足りないとしたら？　教えてください、私が黒人として不十分なら、バラクが黒人として不十分なら、彼女たちは一体、何者ということになるのでしょう？

――『シカゴ・サンタイムズ』紙　2007年8月5日

The thing that I worry most about is not what [the question if we're black enough] says about me and Barack. What does it say to our children? That somehow Michelle Obama is not black enough? Well, shoot, if I'm not black enough and Barack's not black enough, well, who are they supposed to be in this world?

バットマンみたい

私は、外に出たなら外のことを、と生活を分けています。バットマンみたいなものでしょうか。一仕事終えたら、マントはしまいます。

――『シカゴ・サンタイムズ』紙　2007年8月7日

I separate my life so that when I am on the road, I am on the road. It's sort of like you are Batman. When you turn that off, you put that cape away.

メイクもそのほかも、女の子っぽいものが大好きです。でも、私にとってはかなりの手間です。毎日メイクしなくても済むように、世間がもっと当たり前に私の顔を見慣れてくれたらいいのに。マスカラだなんだと、誰にそんな時間があるんでしょう?

――『シカゴ・サンタイムズ』紙　２００７年８月７日

I love girly makeup and stuff, but my view is that's a lot of work. I want people to get used to my face more naturally so that I don't have to do that every day. Who's got time to put eyelashes on and all that?

女友だちと話すのは

女友だちとは、「オトコがいない」なんて愚痴より先に、自分たちのふるまいや考え方について話し合います。相手がいようといまいと、自力で健康と幸せをつかむには、何が必要なのか。そういうことが整理できた途端に、何事もうまく収まっていくように思います。

――『シカゴ・サンタイムズ』紙　2007年8月7日

What I talk about with my girlfriends is that before you start worrying about, "I don't have a man," where are you in your own space, in your own head? What do I need to be as healthy and happy on my own with or without? And the minute you get that in order, it seems like things fall into place.

私の生い立ち、子ども時代、大学進学をめぐるコメントには、必ず人種が絡んできます。実際そうなのです。それが私だから。

――『ロサンゼルス・タイムズ』紙　2007年8月22日

Race resonates all throughout the comments about my upbringing, my childhood, my access to college. It is there. Because it is me.

邁進

2007後半

「全部できる。最後まであきらめず、学校に通いなさい。そうすれば、子育てができるし、やせたままで、調子を崩すこともなく、夫を愛し、きれいでいられる。子どもも健康に育つ」と言われていたんです。でも嘘でした。

――『ロサンゼルス・タイムズ』紙　2007年8月22日

People told me, "You can do it all. Just stay the course, get your education and you can raise a child, stay thin, be in shape, love your man, look good and raise healthy children." That was a lie.

思うに、働く女性の中でも私たちの世代は、夢から覚めかけています。もしかしたら、同時にすべてを手にすることはできないのかもしれない、と悟りつつあるのです。

――『エッセンス』誌　２００７年９月

I think my generation of professional women are sort of waking up and realizing that we potentially may not be able to have it all, not at the same time.

仲間

私には仲間がいて、家族、ご近所さん、女友だち、両親、昔からの知り合いもついています。自分をよく知っている人に囲まれていれば、浮ついたりはしにくいものです。誰だって、お母さんにわけ知り顔で見つめられていたら、思い上がったことはできないでしょう。

『エッセンス』誌　2007年9月

I've got my community, family, neighbors, girlfriends, my parents, people who have known us forever. And it's easier to stay grounded if the people you are surrounding yourself with really know you. You can't get too big if your mother's looking at you thinking, I know who you are.

私たちの挑戦は表ざたになります。おかげで、ここには魔法なんかないってみなさんに知ってもらえます。願ってもない話ですよ。

――『エッセンス』誌　２００７年９月

Our challenges get publicized, and I see that as a gift to let people know there is no magic to this.

ミシェル・オバマ様式

国が、従来どおりのファーストレディを求めるのなら、やって見せましょう。そんなことで骨抜きにはされません。でも、ほかの誰かと同じような仕上がりにもなりません。ミシェル・オバマ様式になるでしょうね。私は私ですから。

――『エッセンス』誌　2007年9月

If the country needs a more traditional first lady, well I can do that. It would not emasculate me. But it wouldn't look like everybody else's; it would have a Michelle Obama flair to it, right? Because I am who I am.

世間一般に、選挙活動において妻の役割はこうあるべきという観念があります。夫を盲目的に褒めたたえるという、昔ながらの役回りを求められるのです。でも、私のやり方は少し違っています。
――現実の夫婦関係って、ほとんどの場合そんなものでしょう。

――『グラマー』誌　2007年9月

People have notions of what a wife's role should be in this process, and it's been a traditional one of blind adoration. My model is a little different—I think most real marriages are.

壁と癒し

誰もが、両立を目指し、もがいています。女性としてみながぶつかる壁だと思います。なぜなら、私たちは働きすぎで、あまりにも忙しく、手一杯なのに十分な支援がないのですから。外へ出て女性同士で、「あなたはおかしくなんかない。大変なことだもの」などとおしゃべりすることが、大きな癒しになっている部分もあります。

――『インテリジェンサー』紙　２００７年10月27日

We are struggling with this notion of balance. I think that is what we are all facing as women, because we are overworked and we are overscheduled and we are juggling, and we are not getting enough support. There is a part of me that feels it's very therapeutic to be out on the road with other women and to say, Hey, you are not crazy; this is hard.

私の知る女性たちと、
私との違いは
たった1つしかありません。
私の努力は表ざたになり、
日々のやりくりがカメラに
収められていることです。

『ボストン・グローブ』紙　2007年10月28日

The only difference between me and every other woman that I know is that my challenges are publicized, and I'm doing this juggling in front of cameras.

家族

家族が第一。
それは今後も
絶対に変わりません。

『ボストン・グローブ』紙　2007年10月28日

Family is first for us and it will always be that way.

ワーク・ファミリー・バランス

私たちはみな、ワーク・ファミリー・バランスに苦しんでいます。パートタイムの仕事にせよ、主婦業にせよ、何かしようと決めても、それが正しいことなのかいつも不安を感じてしまうのです。あらゆるレベルで、女性たちは罪悪感にさいなまれ、まだがんばりが足りないという気持ちになっています。私だって例外でなく、この問題に決着がついているなんて言えません。

――『シカゴ・デフェンダー』紙　2007年11月5日

We all agonize about that work-family balance. We always feel like whatever we decided to do, we worry that it's the right thing to do, whether it's working part-time or staying at home. I think at every level women are racked with guilt and feel like they're not doing enough. I am no exception, and I can't say that I've completely resolved it.

人生は移ろいゆくものですから、私は1つの決断を永続的なものとはとらえません。今回はこうしている、一生のうちいまならこれで納得できる、というふうに考えています。そういう決断に関して、将来どうなっているか、予想しようなんて思いません。

——『シカゴ・デフェンダー』紙　2007年11月5日

Life changes and I never see one set of decisions as permanent. I look at it as this is what I'm doing for this time and make sense at this time in my life and I don't try to predict what the future will hold in terms of those types of decisions.

私は私でいたい

次の4年、あるいは8年、ホワイトハウスで虚構のペルソナを演じながら過ごすなんてまっぴらです。私は私でいたいし、勝つためだけに自分を変えることはありません。大切なのは勝つことではなく、国を変えること、アメリカを変えること、人々の生き方を変えることですから。駆け引きは捨てます。ぐしゃぐしゃにして、窓から投げ捨てます。前の人たちよりうまくやろうということではないのです。

――MSNBC 2007年11月13日

We certainly don't want to spend the next four or eight years in the White House trying to live up to a persona that isn't true. I want to be able to be me, and we're certainly not going to change just to win. Because the point isn't winning, it's changing the country, it's changing America, it's changing the way you live. It's throwing this game out, shaking it up and throwing it out the window, and not just playing it better than the people who played it before.

黒人コミュニティーは、恐怖を振り払わなければなりません。

リスクなしに変化が起こることはないのですから。

ローザ・パークスは、あのバスから降りるはずでした。

マーティン・ルーサー・キングだって、声を上げてはいけないことになっていました。

歴史上には、いまの私たちよりも、ずっと大きなリスクを背負った人々がいたのです。みなで歩んできた歴史に比べれば、これぐらい何でもありません。

——MSNBC[12] 2007年11月13日

The black community has to shake off our fear because change doesn't happen without risk. Rosa Parks wasn't supposed to stay on that bus, and Martin Luther King wasn't supposed to speak out. We have a whole history of people who have taken risks far greater than anything that we're doing; this is nothing compared to the history we come from.

12）選挙運動のこと。

可能性に対する恐れ

ブラック・アメリカはいずれ目を覚まし、理解するでしょう。でも、黒人コミュニティーで私たちが対峙しているのは、（黒人が初めて大統領候補になるかもしれないという）可能性に対する当然の恐れです。世論調査[13]には、私の人生が映し出されています。これまでずっと、私にはまだ早い、できない、点数が足りない、と誰かから言われてきました。有色人種や、抑圧されてきた人々の胸の奥にはいつも、自分よりふさわしい人がいるに違いないという懸念があるのです。

Black America will wake up and get it, but what we're dealing with in the black community is just the natural fear of possibility. The stuff that we see in these polls has played out my whole life. I've always been told by someone that I'm not ready, that I can't do something, my scores weren't high enough. There's always that doubt in the back of the minds of people of color, people who have been oppressed, that you believe that somehow someone is better than you.

「ノー」としか言われたことがないので、本当にできるのか、心の中で疑ってしまうのです。そういう疑念に耳を傾けていたら、いま私はここにいないでしょう。プリンストンにも、ハーバードにも行かなかったし、弁護士になんてなっていません。バラクだってそうです。

――MSNBC　2007年11月13日

13）当初、ヒラリー・クリントンのほうがバラク・オバマより黒人の支持を得ていた。

Inside you doubt that you can really do this because all you've been told is No. I would not be where I am, I wouldn't have gone to Princeton, I wouldn't have gone to Harvard, I certainly wouldn't be a practicing attorney, neither would Barack if we listened to that doubt.

だんだん分かってきたこと

初めてプリンストンに足を踏み入れたとき、大学に着いた当初、周囲の子たちにはとても太刀打ちできないと思いました。

入学はしたけれど、自分はここにいるべきでないと感じたのです。学校に行くと、誰もが博識に見えました。

でも実のところ、プリンストンで一番の難関は入学することでした。

それから私はハーバードへ行き、その後も何かやり遂げるたびに、彼らが私より多くを知っているわけではないということが分かってきました。

ただ、私とはまったく違う自信を持っているだけなのです。

――MSNBC 2007年11月13日

The first time I set foot on Princeton, when I first got in I thought there's no way I can compete with these kids. I mean, I got in but I'm not supposed to be here. Then I get there and I thought these kids had the answers. The truth was that the toughest part of Princeton was getting in. Then I got into Harvard, and the more I achieved, the more I realized that they don't know any more than I do. They just believe in themselves in a way that's very different.

できるかぎりの教育を受け、
努力し、その教育を
持ち帰って還元する。
次世代の進歩を
後押しするのです。

――MSNBC　2007年11月13日

You get the best education you can get, you work hard, you bring that education back and you give back, and you push the next generation to be better.

夫の話を聴くこと

夫が話しているときは、一生懸命聴くようにしています。信じられる話かどうか、真実味を感じられるかどうか、見極めたいものですから。実際いつも信ぴょう性があるのですが、ときには深く感動し、なぜいま私たちがこういう取り組みを進めるのか、その理由がはっきり見えてくることもあります。

――MSNBC 2007年11月13日

I listen very intently when he speaks because I always want to find out whether I believe it, you know, whether I feel that authenticity. And I do every single time he speaks, but there are just some times when he touches my heart in a way that makes me very clear about why we're doing this.

政治に対しては、さまざまなアプローチをしています。バラクは出馬すると必ず、「やめたほうがいい」とか「資金が集まらないだろう」「名前がおかしすぎる」「生まれ育ちがアメリカらしくない」などと言われます。そういう言葉を投げかけられてきたのです。だから今回も、「ああ、またか」という感じです。これまでどんなときも、彼は「真実を語れば、いまここにいる人たちと通じ合える」という考えで臨んできました。ノイズを打ち消すことができれば、世の人に真実が伝わり、誠意が勝利を収めるのです。

――MSNBC 2007年11月13日

We approach politics in a lot of different ways. Barack has been told in every race that he's ever run that he shouldn't do it, he couldn't raise the money, that his name was too funny, his background too exotic. We've heard that. That's why this, this stuff now, is like, hey, here we go again, but in every instance his view, our view, has been that if you tell people the truth you can connect with people right here and now. If you can break through the noise, then people recognize the truth, that honesty does win out.

人種差別と分断が生む痛み

根の深い問題です。いままで私たちはこの問題に、国として手を出してきませんでした。人種差別と分断が生む痛みに、向き合っていないのです。何の対処もしていません。それでいて、白人や黒人の間にその痛みが顕在化すると、驚いてしまうのです。目を背けてきたために、みんなが苦しんでいます。誰も彼もが苦しめられています。いかなる人種であれ、次世代を担う子どもたちに、あるべき姿で生きられないと思い込ませるわけにはいきません。

——MSNBC 2007年11月13日

This stuff is deep and we haven't touched it as a nation. We don't deal with pain that has been caused by racism and division. We don't deal with it. And then we're surprised when it rears its head among whites and blacks. We haven't dealt with it and it's hurting all of us. It's hurting all of us. We can't afford to have generations of children of any race believing they can't be exactly who they think they should be.

人からダメと言われることをするのは慣れっこです。そういうことばかりでしたから。はいはい、またかってね。やってもみないうちから無理だって言われるんです。

MSNBC　2007年11月13日

I'm used to doing stuff that people told me I wasn't supposed to do. That's my whole life. It's like, OK, here we go again, you know, telling me I can't do something before I even try.

広い視野で物事を見るようにしています。

MSNBC 2007年11月13日

I'm a big-picture-values kind of person.

この国の若者は誰でも、
（莫大な借金を背負うことなく）
大学に進学できるようでなければいけません。

——MSNBC　2007年11月13日

Every young person in this country should be able to go to college.

バラクとの恋愛

この人とは何の共通点もない(と思っていました)。だってハワイ育ちよ! ハワイ出身なんてあり? しかもバイレイシャル。[14] 一体どういうこと? という感じでした。それに、おかしな名前でしょう。バラク・オバマって。我が子にバラク・オバマなんて名づけることってありますか?

――『ワシントン・ポスト』紙 2007年11月28日

I've got nothing in common with this guy, [I thought]. He grew up in Hawaii! Who grows up in Hawaii? He was biracial. I was like, okay, what's that about? And then it's a funny name, Barack Obama. Who names their child Barack Obama?

14) 両親の人種がそれぞれ異なること。

バラクのような政治家には、もう一生出会えないでしょう。たびたび世に出るような人物ではありません。彼と同類の人はいても、そういう人たちは政治の世界に入ろうなんて考えません。分別があるから。夫はちょっとおかしいんです。

――「サロン・ドット・コム」２００７年11月28日

You will not see another politician like [Barack] in your lifetime. Because they don't come along very often. There are other people like him out there, but they don't choose to go into politics because they have sense. My husband is a little crazy.

父にとって誇れる娘

常々、父にとって誇れる娘であろうと心がけています。父なら、私の選択をどう思うだろう、これまでの生き方を、私が選んだ仕事を、結婚相手を。そういう声が頭の中で聞こえるのです。おかげで私は、自分を見失わず、浮足立つこともなく、シカゴのサウス・サイドからやってきた小娘のままでいられます。何台のカメラに囲まれても、何度サインを求められても。私たちがどれほど大層な立場になったとしても。

——『ワシントン・ポスト』紙　2007年11月28日

I am constantly trying to make sure that I am making him proud— what would my father think of the choices that I've made, how I've lived my life, what careers I chose, what man I married. That's the voice in my head that keeps me whole and keeps me grounded and keeps me the girl from the South Side of Chicago, no matter how many cameras are in the room, how many autographs people want, how big we get.

彼と結婚しているから、いまこうしているわけではありません。本当に骨の折れることですから。選択肢があるなら、アメリカのみなさん、こんなことはやめて！　教職だってあるじゃない！　何かほかのことをやるべき。バラクにも迫りましたよ。世界を変える方法ならいくらでもあるんだから、そっちにしましょう！　って。私、大統領選挙なんていやだったんです。以前は気楽な暮らしでした。安全でした。私たちの写真を撮ろうなんて人はいませんでした。

――「サロン・ドット・コム」　２００７年11月28日

I'm not doing this because I'm married to him, because truly, this process is painful. If you have a choice, America, don't do this! Teach! Do something else. I tried to [tell] Barack—there are so many ways to change the world. Let's do them! I [didn't] want to run for president! Life was comfortable! It was safe! Nobody was takin' pictures of us!

彼自身とは関わりないこと

考えてみると、私はバラクを自分が望むとおりの存在に変えようと躍起になっていました。彼がもっと家にいてくれさえすれば、何もかもうまくいくと思っていたのです。自分の幸せを、夫に頼りきっていました。でも本当のところ、彼自身とは関わりないことでした。私は助けを求めていたのであって、必ずしもバラクに助けてもらう必要はなかったのです。

――『O，オプラ・マガジン』誌　2007年11月

The big thing I figured out was that I was pushing to make Barack be something I wanted him to be for me. I believed that if only he were around more often, everything would be better. So I was depending on him to make me happy. Except it didn't have anything to do with him. I needed support. I didn't necessarily need it from Barack.

私が一番私らしいとき、一番うまくやれます。私にはそれしかありませんから。別物になろうとか、誰かをお手本にしようとしても、ややこしくってダメでしょうね。

――『シカゴ・トリビューン』紙　２００７年12月17日

I do best when I'm the most me that I can be. That's really all I've got. If I tried to be something different or model someone, I would get confused and it would be bad.

バラクの家事

彼だって家ではゴミ出しに洗濯、
ベッドメイクもしますよ。
娘たちにそういう姿を
見せる必要があるし、
そうしてもらわなければ
困るという私の気持ちも
分かっているんです。

――『バニティー・フェア』誌　2007年12月

When he comes home, he's taking out the garbage and he's doing the laundry and he's making up the beds, because the girls need to see him doing that, and he knows I need him to do that.

頭に浮かんだのは、「えー、冗談でしょ!」「いますぐじゃないわよね?」という気持ちでした。いまはやめておきましょう、大変な道を選ばなくても、いったん休ませて、などと言い続けた時期もありました。

――『バニティー・フェア』誌 2007年12月

I thought, "Uhhhh, you're kidding!" It was like, "No, not right now, right?" There was a period of Let's not do this now, let's press the easy button! Can we get a break, please?

合意点を探す

（バラクと私には）合意点を探す必要がありました。割り切って、「あなたは世界的な重要課題に取り組んでいるんだから、外で重要人物をやっていてね。ここ（家庭）のことは全部私に任せて」なんて言えませんでした。本当のところ、もしそうしていたら私はいまでも腹を立てていたと思います。

――『バニティー・フェア』誌　2007年12月

There was a meeting of the minds that [Barack and I] had to reach. I wasn't content with saying, "You're doing important things in the world, so go off and be important and I'll handle everything else here [at home]." Because the truth is, if I did that, I'd probably still be angry.

正直で、愉快で、オープンでいたいものです。私の経験のうち重要な部分をお話しすることで、人々が人生について考え、間違いを繰り返さずに済むよう、何らかのお手伝いができれば、とも思っています。それで、私がどんなファーストレディになるか分かってもらえるでしょう。本当の私をお見せするんですから。

――『バニティー・フェア』誌　2007年12月

I'm going to try to be honest, funny, and open, and share important parts of me with people, hopefully in a way that will help them think about their lives and avoid the mistakes we may have made in our lifetime. What you see on the trail is probably who I will be as First Lady, because that's really who I am.

私、どちらかというと皮肉屋で。自分のユーモアのセンスをもう少し抑えるべきだったと思っています。夫は私のユーモアが好きで、お互いに容赦なく茶化し合います。だけどジョークって、相手に理解してもらえなければばからしいだけでしょう。だから、そうね、それなら仕方ないわ。そんなに問題があるなら、ジョークはなしで。私たちがどんな人間なのか伝えたくて、私にとってはほんのささいな、面白くて無害だと思えることを口にしただけで大騒ぎになるんです。

――『バニティー・フェア』誌　２００７年12月

I'm kind of sarcastic, and I've felt that my sense of humor had to be subjugated on some level. My husband loves my sense of humor, and we tease each other mercilessly. But if somebody doesn't get the joke, then you become a caricature of what the joke was. So it's like, Well, jeez—let me not joke, then, if it's going to be all that problematic. People get real worked up about some things I felt were really minor, funny, harmless observations about who we are as people.

私という人間は、まだ生産工程の途中です。60パーセントぐらいは完成しているかしら。

――『バニティー・フェア』誌　2007年12月

I'm still a work in progress. I think I'm 60 percent there.

結婚生活

私は、自分とまったく違う生い立ちの男性と結婚しました。彼は父を知らずに育ち、母は世界中を飛び回っていました。だから、子どもには何が必要か、夫婦が幸せでいるためには何が必要か、互いにまったく違う考えを持ったまま結婚生活が始まったのです。私は自分の考えを一部改めるしかありませんでした。夫も同じです。

――『バニティー・フェア』誌　２００７年12月

I married a man who came from a very different kind of upbringing. He didn't grow up with a father; his mother traveled the world. So we both came to this marriage with very different notions about what children need, and what does a couple need to be happy. So I had to give up some of my notions, and so did he.

PART 4

2008前半

混沌

バラクの選挙戦が過熱するにつれて、
ミシェル自身の一挙手一投足も
注目されるようになる。
マスコミに発言を切り取られ、
歪《わい》曲《きょく》された人物像が一人歩きし、
バッシングを受け深く傷ついても、
本当の自分を見失うまいと
ミシェルは前を向き続ける。

私たちが望んだり、願ったりしているうちは、事態は好転しません。物事がよくなるのは、普通の人々が大衆の中から変化を起こそうと行動するときです。いまの時代、重要な歴史的瞬間を作るのはいつも、「もうたくさん」と言い出した人たちでした。彼らは、この国を前進させるために団結したのです。いままた、そういうときが来ています。

――演説(サウスカロライナ州ジョージタウン)
2008年1月14日

Things aren't going to get better when you wish for it or you hope for it: Things get better when regular folks take action to make change happen from the bottom up. Every major, historical moment in our time it has been made by folks who said, "Enough," and they banded together to move this country forward—and now is one of those times.

難しいのは、「どんな覚悟があるか？」と自らに問うことです。こればかりは自分たちの責任です。いいですか、誰もが変革について語りたがりますが、本当は変わることなんて好きではないのです。私たちが望むのは、易しい変化です。いい気分になれる変化です。でも、変化というのはそんなふうには起こりません。受け身でいて、向こうからやってくるものではないのです。

――演説（サウスカロライナ州ジョージタウン）
２００８年１月14日

The challenge for us is to ask, "What are we ready for?" This one is on us—see, we like to talk about change, but we don't really like change. We want easy change, we want change that will make us feel comfortable, but that's not how change happens; it's not something that's just going to come to you passively.

失敗から立ち直る方法なら知っています。

「APオンライン」2008年1月18日

I know how to bounce back from my mistakes.

いま私が送っているような生活が、多くの女性にとって縁遠いものだということは分かっています。多くの黒人少女たちにとっても。私がここでお話しするまでもないことです。みんな知っていますよね、国中に格差が存在することは。学校にも、病院にも、職場にも、街にも。

――『ニューズウィーク』誌　2008年1月28日

I know that the life I'm living is still out of the reach of too many women. Too many little black girls. I don't have to tell you this. We know the disparities that exist across this country, in our schools, in our hospitals, at our jobs and on our streets.

結婚しているんですから

バラクの人となりについては、ほかの人とは違う観点で語ることができます。結婚しているんですから。夫の強みも弱みも知っていますが、人柄のことだってお話しできますよ。

――『シカゴ・デフェンダー』紙　２００８年１月30日

I can give people a perspective into Barack's character like no other person can. I mean, I'm married to the guy. I know his strengths and weaknesses, but I can also speak to his character.

バラクの祖母を訪ねてハワイに行くと、とびきり素晴らしい時間を過ごせます。毎回素敵な経験になります。暖かい気候、みんなで笑って過ごす時間、誰もがリラックスして、予定も何もなし。ただただ楽しむだけです。

――『USニュース・アンド・ワールド・レポート』誌
2008年2月1日

We have just some of the most wonderful times when we visit Barack's grandmother in Hawaii. Those are always wonderful times, warm weather, a time to be together and laugh, when everybody's relaxed, no schedules, no nothing, just a lot of good fun together.

両親

働き者の両親でした。大学には行っていませんが、教育は大切だと信じていました。子どもの理解者として揺らぐことなく、いつも私たちは素晴らしい存在なのだと感じさせてくれる親でした。

――『USニュース・ワールド・アンド・リポート』誌
2008年2月1日

We had very hardworking parents. They didn't go to college, but they believed in the importance of education; they were staunch supporters of us, so we always had two parents telling us how wonderful we were.

結婚したとき、
お金持ちになるという
誓いはありませんでした。
約束してくれたのは、
面白い人生だけ。

――『ロンドン・デイリー・メール』紙　２００８年２月６日

When we married, he didn't pledge riches, only a life that would be interesting.

私にとって差し迫った課題

ファーストレディはフルタイムの仕事です。でも私にとって差し迫った課題は、ホワイトハウスを娘たちがくつろげる家にすることとです。子どもたちにとっては大きな変化でしょうし、私が目を離すわけにはいきません。

――『サンデー・テレグラフ』紙（ロンドン）２００８年２月10日

I think the role of first lady is a full-time job. And my immediate priority will be to make the White House a home for our daughters. It's going to be a big change for them and they are going to need my full attention.

家に帰れば、彼も生活の一部です。お偉いさんではありませんから。

『ウォール・ストリート・ジャーナル』紙　2008年2月11日

When Barack's home he's going to be part of this life. He doesn't come home as the grand poobah.

2人とも

2人とも法律を熟知した弁護士で、お互いのことを非常によく分かっています。何事においても自分が正しくて、相手を言い負かすことだってできると思っています。

――『ウォール・ストリート・ジャーナル』紙　2008年2月11日

We're two well-versed lawyers who know each other really well. We each think we're right about everything, and can argue each other into a corner.

（オバマ氏の考えが変わる可能性は？　との問いに対して）

もちろんあります。
私は毎日
変えさせていますよ。

――「ラリー・キング・ライブ」　２００８年２月11日

Can his mind be changed?
Absolutely. Hey, I change it every day.

いまこそ私たちは

私が幼い少女だった頃、女性やアフリカ系アメリカ人が大統領になるなんて、想像したところで、実現可能性からはかけ離れていました。

いまようやく、今回の選挙で、２人の卓越した候補者が私の前に現れたのです。

何人かの方がおっしゃっていたように、いまこそ私たちは、いくつもの課題を乗り越え、一人一人にとって最高の候補者を選ぶことができるでしょう。


――「ラリー・キング・ライブ」　２００８年２月11日

When I was a little girl, the thought of a woman or an African American being president was the furthest thing from what could be possible. So it's only now that I am seeing, in this race, these two phenomenal candidates that I know, as some have said, that we now can move beyond those issues and we can go for who we think is the best candidate.

バラクのよいところ

バラクにも間違いはあるでしょう。でもね、意固地になりすぎて、間違っていると認められなかったり、別のやり方に目を向けられなかったりすることはありません。それがよいところです。

――「ラリー・キング・ライブ」 2008年2月11日

Barack is going to make mistakes. But, see, the beauty of Barack making mistakes is that he's not going to be so stubborn that he can't admit that he's making mistakes and he can't look at another way of approaching things.

政治は政治です。競い合って力を尽くすことです。ご存じのとおり、過酷で、混沌としています。

――「ラリー・キング・ライブ」２００８年２月11日

Politics is politics. And I think it's a competitive endeavor. And, you know, it's rough and tumble.

変わらない人

夫は善人です。何よりもまず、私の一番の味方でいてくれる人です。私にとっても娘たちにとっても、特別なよりどころです。

何が言いたいかというと、この選挙戦の真っただ中にあって、保護者面談には欠かさず出席する人だということです。それが私の目に映る彼の姿です。

娘たちの「トリック・オア・トリート」に付き添い、クリスマスツリーを買うときは1日自宅に戻ります。記念日には、私をデートに連れ出してくれました。彼は変わりません。とにかく変わらないんです。そういう人なんですよ。

――「ラリー・キング・ライブ」　2008年2月11日

He's a good man. First of all, he's my best friend. He's a phenomenal support to me and the girls. I mean this is a guy who, in the midst of this race, hasn't missed a parent/teacher conference. This is the stuff that I look at. He took the girls trick or treating. He came home for a day to buy the Christmas tree. He took me out for our anniversary. I mean, he is just consistent. But he is consistent. It's just his character, you know?

法律事務所の夏期インターンだったスーツ姿の男性が、変身するところを目の当たりにしました。彼は教会の地下で、私と同じような生い立ちの、私にはない苦難にあえぐ人々と会っていました。スーツとネクタイを脱ぎ、まるで別人のようでしたが、人とのつながり方は事務所にいたときと変わりません。そんな切り替えを、造作もなくやってのける人などいないでしょう。ありのままの自分を隠さず、彼らしいやり方で人々の心に訴え、メッセージを届けていました。

そのとき、この人は何かが違うと思ったんです。

――「ＣＢＳイブニングニュース」２００８年２月15日

To see him transform himself from the guy who was a summer associate in a law firm with a suit and then come into this church basement with folks who grew up like me, but who were challenged and struggling in ways that I never would, and to take off that suit and tie and become a whole other person and connect with people in the same way he had connected with folks in that firm, you don't see someone who can make that transition and do it comfortably. To feel comfortable in his own skin and to touch people's hearts in the way that he did, [well], people connected with his message. And I knew then and there there's something different about this guy.

2つの世界を行き来できるバラク

アメリカの実業界でうまくやっている人たちがいるでしょう。お決まりのスーツを着こなして。そんな人が、（教会の地下でバラクがやっていたような活動に）転換を図ることはできないし、逆もまた不可能です。ところが、バラクはそういう2つの世界を、造作もなく行き来していたのです。

――「ＣＢＳイブニングニュース」２００８年２月15日

You see people who can live well in corporate America. They can wear that uniform well. They can't make the transition and vice versa. Barack lived comfortably in those two worlds.

大都市の街角で働いていたような人物を、この国が大統領として迎えるのはいつ以来のことでしょう？　発言権のなかった人たちと力を合わせ、住みよい街、きれいな街、安全な地域を作ろうと、長年訴え続けてきた人を。

――「ＣＢＳイブニングニュース」２００８年２月15日

When was the last time we've had a president of the United States who spent years working on the streets in a major city, for years working with people who never had a voice and advocating for better streets, cleaner streets, safer communities?

どうすれば

我が子をまともな学校に通わせたいという話をしているとき、ほかにもっと重要なことってありますか？どうすれば、連邦政府はこの国の子どもたち一人一人にまともな教育を確保するため、十分なリソースを割いてくれるのでしょう？

――「ＣＢＳイブニングニュース」２００８年２月15日

When you're talking about ensuring that your kids have a decent public school to go to, what's more important than that? How do you ensure that the federal government is going to invest enough resources to ensure that every single child in this country has access to a decent education?

歴代のファーストレディ一人一人が、何かしら独自のものを持ち込み、この役割をそれぞれまったく異なった方向へと進展させたのではないでしょうか。それは進化です。こういう生き方、発言、率直な物言いにも関わらず、もしかしたら私が次のファーストレディになるかもしれない。そういうところまで、この社会を連れてきてくれたのです。かつてのファーストレディたちがいたから、この国で進化が起きたのだと思います。

――「ＣＢＳイブニングニュース」２００８年２月15日

I think that every First Lady in the history of this nation has brought something uniquely different and has moved that role in a fundamentally different direction. I think it has been an evolution that has gotten us to this point where I can be here, potentially to become the next First Lady, with all of my outspokenness and my approach to life and the things that I say. I think it's been an evolution in this country because of the many First Ladies that have come before.

論点をずらさないために

自分の人物像については、さまざまな角度から知ってもらえるよう心がけています。私のジョークが大事な論点の邪魔にならないように。論点が逸れることは望ましくありません。大事なのは私のユーモアではありませんから。ジョークではなく、ジョークの背景に実際の論点があるのです。だから、ええそうね、論点をずらさないために口をつぐみ、紙面ではどう受け止められるかを考えることもあります。

――「CBSイブニングニュース」2008年2月15日

I try to give people a broader variety of who I am so that my joke doesn't interfere with the broader point. I don't want the point to be lost because the point isn't my humor. It's not the joke. It's the actual point behind the joke. So yeah, there are times when I cut back and think about how is this gonna be perceived on paper, so that the point isn't lost.

共通テストの成績だけで将来が決まるとしたら、私はいまここにいません。それは断言できます。

―― 応援演説　2008年2月18日

If my future were determined just by my performance on a standardized test, I wouldn't be here. I guarantee you that.

誇りに思うこと

聞いていただきたいことがあります。私は誇りに思っています。この国を誇りに思っています。国民が、いよいよ大きなことを始めようと覚悟している。その事実を誇りに思っています。バラクも私も、この国と国の理念を心の底から信じ、誇りを持っていなければ、いまここには立っていません。私たちの物語は成り立っていなかったでしょう。

――『ボストン・グローブ』紙　2008年2月21日

So let me tell you something. I am proud. I'm proud of this country, and I'm proud of the fact that people are ready to roll [and] do something phenomenal. I know I wouldn't be standing here—Barack and I, our stories wouldn't be possible—if it weren't for our fundamental belief and pride in this country and what it stands for.

ネタにされないよう気を
つけないといけません。
そのせいで
もっと大きな問題から
脱線してしまうので。

『ロサンゼルス・タイムズ』紙　２００８年２月21日

I've got to be careful not to be the story, because then it becomes a distraction to the broader issues.

教育について

私は全国でもトップクラスの学校に通いましたが、自分が何をやりたいのかちっとも分かりませんでした。そういうことを考え始めると、「自分が受けている教育は教育なんかじゃない」と思えて仕方なかったんです。
立派な学位を得られるし、お金だって稼げるでしょう。でも、学業とは別に、世の中に恩返しすること、自分の好きな道を見つけ、情熱に従うことに関しては、一体何を学んでいるのでしょう?

――『ニューズウィーク』誌　２００８年２月25日

I started thinking about the fact that I went to some of the best schools in the country and I have no idea what I want to do. That kind of stuff got me worked up because I thought, This isn't education. You can make money and have a nice degree. But what are you learning about giving back to the world, and finding your passion and letting that guide you, as opposed to the school you got into?

どうかすると、夫を尻に敷く妻だと茶化されてきました。バラクも私も笑い飛ばしていますよ。バラク・オバマの牙を抜ける人なんているとと思います? そんなばかな。

——『ニューズウィーク』誌　２００８年２月25日

Somehow I've been caricatured as this emasculating wife. Barack and I laugh about that. It's just that do you think anyone could emasculate Barack Obama? Really now.

大統領選挙戦

寄付金集めは嫌いです。
ほんと——にいや。
嫌い、大嫌いです。

『ニューズウィーク』誌　2008年2月25日

I hate fund-raising. Haaaaate it. Hate, hate it.

4か月後に死ぬとしたら、この時間をこんなふうに過ごしたいと思うかしら？

――『ニューズウィーク』誌　2008年2月25日

If I died in four months, is this how I would have wanted to spend this time?

合衆国上院にあるバラクの席を引き継ぐこと

あらいやだ。結構です。

『ニューズウィーク』誌　2008年2月25日

Ugh. No, thank you.

マイノリティー・コミュニティーで起きていることは、いまでも、抑圧や人種差別という時代遅れの問題を象徴しています。ご存じでしょうが、市民としてどこか二流だと感じる文化に生きていると、自然、そのコミュニティー内に、自分たちは十分でない、賢くもないし、覚悟もできていないという気持ちが生まれます。その内なる葛藤こそが、常に戦いなのです。

——『ニューヨーカー』誌　2008年3月10日

What minority communities go through still represents the challenges, the legacies, of oppression and racism. You know, when you have cultures who feel like second-class citizens at some level, there's this natural feeling within the community that we're not good enough, that we can't be as smart or as prepared, and it's that internal struggle that is always the battle.

私は私にしかなれない

素直に他人の真似をするなんて、私には無理だと思います。この役割を引き受けるとしても、私は私にしかなれません。そうすることで、自ら招き寄せるさまざまなプラスマイナス、悩みや不安、その他諸々がついて回るのでしょうが、そこに私の希望や夢だってあるのです。

――『ニューズウィーク』誌　２００８年３月３日

I don't think I can honestly emulate somebody else. I think I can only be who I can be in this role. And that's going to come with all the pluses and minuses and baggage and insecurities and all the things that I'll bring into it, plus my hopes and dreams along with it.

私は、私の育ちや
生い立ちを通して
世界を見ています。
それが人生のレンズに
なっているのです。

――『ニューヨーカー』誌　2008年3月10日

My lens of life, how I see the world, is through my background, my upbringing.

1歩ずつ地道に進むタイプです。

『ニューヨーカー』誌　2008年3月10日

I'm very much one foot in front of the other.

個人として対応中の事柄には関与してみるつもりです。そういうことなら、誠実に、熱心に向き合えるし、共感できるからこそ成果を上げられるのではないでしょうか。

――『ピッツバーグ・トリビューン・レビュー』紙　２００８年４月３日

I try to gravitate to the things that I personally am dealing with because then I can deal with them honestly and passionately, and hopefully be effective because I can relate.

私の人生に奇跡などありませんでした。私が見たのは、そしていまも多くの人が目にしているのは、勤勉と犠牲です。

AP通信 2008年4月16日

There were no miracles in my life. The thing that I saw that many of us still see is hard work and sacrifice.

私は労働者階級の生まれです。生活苦にあえぎながら育ってきた人たちの一員です。だから、エリート主義がどうのという話が聞こえてきたら、私のことを何も知らないんですね、と言っています。

——AP通信　2008年4月16日

I am a product of a working-class background; I am one of those folks who grew up in that struggle. So when people talk about this elitist stuff, I say, you couldn't possibly know anything about me.

ここにいる理由

バラクと話したのは、次のようなことです。これはチャンスなんだと。あなたがここにいる理由、この大統領選に出ている理由なんだと。この話し合いに必要な、けれどもほかの人には持てない視点、口に出せない意見を、彼なら提起できるでしょうから。

――『ニューヨーク・アムステルダム・ニュース』紙
2008年4月17日

The conversation Barack and I had was, This is the opportunity, this is the reason why you're here. This is why you're in this race, because there is a perspective, a voice that you can bring to this conversation that is needed and that no one else can do or say.

いま我が家に借金がないのは、バラクがベストセラーを２冊書いたから。それだけです。宝くじに当たるようなものですよ。堅実な資金計画とは言えませんから。

――『シカゴ・トリビューン』紙　２００８年４月19日

The only reason we're not in debt today is because Barack wrote two best-selling books. That's like hitting the Lotto, because that was not a solid financial plan.

犬を飼う

（娘たちにとって）この選挙戦にまつわる一番の関心事は、犬を飼えるかどうか。それが交渉の切り札でした。「パパが大統領選に出たいなら、私たちは犬を飼う」って。それで毎日犬のことを話しているんですよ。どんな犬種か、大きいのか、小さいのか。昨日の朝は、名前のことも話し合いました。私としては、「犬は飼えるんだから。もうこの辺にしましょう」と。

――『シカゴ・サンタイムズ』紙　2008年5月14日

[The girls'] main concern about this whole race was whether or not they could get a dog, that was the bargaining chip. It's like, "You want to run for president, we're getting a dog." And let me tell you we talk about that dog every day. What breed, how big, how small. Yesterday morning we talked about names. I said, "Look, you are getting a dog, just knock it off."

PART 5

2008後半

ファースト
レディ

バラクは最有力とされていた
ヒラリー・クリントンを破り、
民主党大統領候補の指名を勝ち取る。
そして最大のライバルだった
共和党大統領候補のジョン・マケインも
破り、大統領選挙に勝利する。
黒人初の大統領、そして黒人初の
ファーストレディの道が始まった。

家庭的な人間

人に興味を持ってもらえるような生活はしていません。これまでもそうでした。バラクも私も、基本的には家庭的な人間です。夫婦でデートをするときは、ディナーか映画のどちらかだけ。両方だと起きていられないので。

――『シカゴ・サンタイムズ』紙　2008年7月1日

Barack and I don't have interesting lives, never did. We're basically family people. When we go on a date, it's either dinner or a movie because we can't stay awake for both.

テレビのリモコンは取り合いです。

バラクはスポーツチャンネルを見たがりますが、私がリモコンを握っている時はHGTV[15]です。

そんなわけで、早い者勝ちです。


『ロッキー・マウンテン・ニュース』紙　２００８年7月17日

15）「Home & Garden Television」。リフォームや不動産に関するリアリティ番組がメインの有料チャンネル。

We fight over the remote. He likes to click back and forth to the sports channel. And if I'm clicking, I'm clicking back and forth to HGTV. So it just depends who gets there first.

服

ファッションは好きだけど、ゆっくり考えている暇はありません。特別な場のために、とっておきの服が何着かありますが、あとはバサッと着られて、洗えるような服ばかりたくさん持っています。そういう服装なら、汚れてもいいし、染みがついたからって大騒ぎしなくて済みます。それが私のスタイルです。

――『ロッキー・マウンテン・ニュース』紙　２００８年７月17日

While I love fashion, I don't have a lot of time to think about it. That is really my style: some really nice stuff for special occasions, but a whole lot of stuff you can throw on and wash, and it can get dirty, and you don't lose your mind because you got a spot on it.

脱いだ服をかけておいてほしい。脱いだらすぐハンガーへ。

――『ロッキー・マウンテン・ニュース』紙　2008年7月17日

He would put his clothes up when he took them off. He would hang them up right away.

子どもの存在によって

子どもたちと1日家にこもっていると、具合が悪くなってきます。頭痛がしてくるんです。私がこの話をするのは、親ならみな、同じようなことで悩まされているだろうと思うからです。子どもの存在によって何もかもがどれほど変わってしまうのか、世間は話題にしません。多くの人が、自分のことなどあきらめているでしょう。心が折れてしまうんです。でも、そういう思いを口に出せば、互いに助け合えるはずです。

――「ザ・テレグラフ」2008年7月26日

The days I stay home with my kids without going out, I start to get ill. My head starts to ache. I like to talk about it, because I think every couple struggles with these issues. People don't tell you how much kids change things. I think a lot of people give up on themselves. They get broken, but if we can talk about it, we can help each other.

仕事は有意義です。夫とも子どもとも無関係の問題に没頭できるところが気に入っています。そういう感覚を一度でも味わってしまえば、離れ難くなるものですよ。

――「ザ・テレグラフ」 2008年7月26日

Work is rewarding. I love losing myself in a set of problems that have nothing to do with my husband and children. Once you've tasted that, it's hard to walk away.

社会で成功する条件

謙遜するわけではないんです。でも、私のようになれる若者はいくらでもいますよ。私の生い立ちに、魔法みたいなところは1つもありません。並外れた天才というわけでもないですし。よい親がいて、時々よい先生に出会い、運も悪くなかった。自分でも必死に努力しました。知り合いだったどの子が私になって

I say this not to be modest, but there are so many young people who could be me. There's nothing magical about my background. I am not a super-genius. I had good parents and some good teachers and some decent breaks, and I worked hard. Every other kid I knew could have been me, but they got a bad break and didn't recover.

いてもおかしくなかったけれど、彼らは運悪く立ち直ることができなかったのです。私と話す若者たちは、こんなふうに感じるでしょう。この社会で成功するか失敗するか、その差は紙一重だ、必要なのは、よい親、自己肯定感、よい先生という好条件がそろっていなければ、と。

――「ザ・テレグラフ」２００８年７月26日

It's like I tell the young people I talk to: the difference between success and failure in our society is a very slim margin. You almost have to have that perfect storm of good parents, self-esteem and good teachers.

公人になるなんて

そもそも、公人になるなんて予定はありませんでした。奇妙なことです。面白いとしか言いようがないでしょう。あちこち出かけて、人々とつながりを持てるのです。とても有意義で、本当にありがたいことです。

――「ザ・テレグラフ」2008年7月26日

Being public figures was not something we planned for. This is an oddity. You just have to say, this is interesting. Being able to travel and connect with people, it's been very positive and a real blessing.

女性やアフリカ系アメリカ人が大統領になることを当たり前に期待できる。そういう時代に娘たちが育ってくれたら、どんなにうれしいことでしょう。私たちが今回の選挙に力を注いできた理由の1つです。自分に制限をかける必要などない。夢を持てる。ガラスの天井にぶつかることなく目標にたどり着ける。娘たちには、そんな世界で大きくなってほしいものです。

――「マムロジック・ドット・コム」２００８年７月31日

I'm so happy that my girls will grow up where the prospect of a woman or African American president is normal. And that's one of the major reasons why our family has invested so much into this campaign. I want them to grow up in a world where they don't have to limit themselves, where they can dream and achieve without ever hitting a glass ceiling.

テレビタイム

家族でテレビや映画を見るときは、娘たちの意見が通ります。我が家では『Mr.インクレディブル』『シュレック』『ハリー・ポッター』『シークレット・アイドル・ハンナ・モンタナ』が大人気です。娘たちからもお話しするでしょうけれど、子どものテレビタイムは毎日宿題を終えたあとの1時間だけです。

――「マムロジック・ドット・コム」　2008年7月31日

When it comes to family TV and movie time, what the girls say goes. We love to watch *The Incredibles*, *Shrek*, *Harry Potter*, and *Hannah Montana* together. But the girls will tell you, they only get an hour of television time each day, after their homework is finished.

小さな頃から、夢を叶えたければ努力するように、誰にも無理だなんて言わせないように、と母に教え込まれました。間違いなく、これまで学んだ中で一番価値のある教訓です。

――「マムロジック・ドット・コム」 2008年7月31日

Growing up, my mother always taught me to work hard to achieve my dreams and to never let anyone tell me that I couldn't do something. It's definitely the most valuable lesson I've learned.

娘たちがベッドにもぐり込んできたら

娘たちは親のベッドにもぐり込んできますよ。そういうときは、明かりをつけて、目を覚ますようにしています。子どもたちと話をするんです。パパが大統領なるってこと、青春について、彼女たちが疑問に思っているあれやこれや。

『ピープル』誌　2008年8月4日

The girls get into our bed and I turn on the lights so we're sort of waking up. And we talk. We talk about Daddy being President, about adolescence, about the questions they have.

めそめそしない、口げんかしない、しつこくからかわない。

『ピープル』誌　２００８年８月４日

No whining, arguing, or annoying teasing.

描いていた人生

人生とは、結婚して、子どもを産んで、家を買うこと。

バラクは法律事務所で共同経営者になるだろう、そうでなければきっと、地域コミュニティーで教えるか働くかだろうと思っていました。

子どもを大学に送り出し、結婚式に出席したら、孫たちのお世話、そういうものだと。

――『ピープル』誌　2008年8月4日

Life was you get married, you have kids, you buy a home. I thought Barack would be a partner at a law firm or maybe teach or work in the community. We'd watch our kids go to college and go to their weddings and take care of the grandkids and that was it.

子どもたちがいますから、現実的に考えなければ。

――ニューハウス・ニュース・サービス（NNS）　2008年8月10日

My children force me to keep my feet on the ground.

同じミシェル

去年のミシェル・オバマも、今年のミシェル・オバマも一緒です。事情は変わっても、同じミシェルです。

ニューハウス・ニュース・サービス（ＮＮＳ）　２００８年８月10日

The Michelle Obama I was last year is the same Michelle Obama I am this year. Different circumstances, same Michelle.

私は労働者階級の子です。たくさんの役割をこなしながら生きてきました。私という人間を生んだ物語は、大半のアメリカ人が歩む人生の物語と重なります。食卓を囲んで、どこの家庭も同じような話をしていたはず。あまり豊かではない両親が、ベッドから毎朝起き出して愚痴も言わずに働くのを見ていれば、子どもは多くのことを学びます。

――ニューハウス・ニュース・サービス（ＮＮＳ）　２００８年８月10日

I am a working-class kid. I wear so many different hats in my life. The story I come out of is the story of most Americans' lives. The stuff we talked about around the table is the same. When you see your parents who don't have much getting out of bed and sucking it up every day, you learn a lot about values.

私が知っているバラク・オバマ

いま私が知っているバラク・オバマは、19年前私が恋に落ちた相手と同じ人物です。10年前の夏、私と生まれたばかりの娘を乗せて、病院から家まで車を走らせた人です。カタツムリのような速度で進みながら、バックミラー越しに不安そうな目で私たちを見つめていました。娘の将来が委ねられた、その重みを両手に感じながら。

――「1つの国家」演説（民主党全国大会）2008年8月25日

The Barack Obama I know today is the same man I fell in love with nineteen years ago. He's the same man who drove me and our new baby daughter home from the hospital ten years ago this summer, inching along at a snail's pace, peering anxiously at us in the rearview mirror, feeling the whole weight of her future in his hands.

1つ言えるのは、知り合って20年、あるいはそれ以上経ちますが、その間バラクは私を一度も失望させなかったということです。

ただの一度も。

私がここに座っていられる理由は、その1点に限ります。


――「ゲイル・キング・ショー」　2008年8月25日

The one thing that I can tell people is that Barack has not disappointed me once in the twenty years or more that I've known him. Not once. And that's the only reason why I can be sitting here.

最高の贈り物

父も母も、持てるものはすべて私とクレイグ（兄）につぎ込んでくれました。一瞬たりとも、自分が愛されていること、大切にされていること、この世界に居場所があることを疑わずにいられたのです。子どもにとって最高の贈り物ですよ。

——「1つの国家」演説（民主党全国大会） 2008年8月25日

He and my mom poured everything they had into me and Craig. It was the greatest gift a child could receive: Never doubting for a single minute that you're loved and cherished and have a place in this world.

私を知らない人からどうこう言われても

いままで生きてきて、私を知らない人からどうこう言われても、大して気にしたことはありません。

――米国公共ラジオ放送「オール・シングス・コンシダード」
２００８年８月25日

Throughout my life I have not paid much attention to what people say about me who don't know me.

副大統領ジョー・バイデンという選択

私も一役買ったのかとよく聞かれますが、一切口出ししていません。彼にはずっと、自分で選ぶことだと言っています。合衆国大統領になるのはあなたなのだから、あなたが信頼できる人、あなたを助けてくれる人、信じてくれる人が必要でしょう、と。

――「ゲイル・キング・ショー」 2008年8月25日

People ask, did I play a role? Absolutely not. I always tell him, this is your choice. You will be the President of the United States and you've got to have somebody that you can trust, that you think will have your back, who believes in you.

政治はゲームです。事実をねじ曲げることです。政治ゲームのせいで、自分の発言や今後のあり方が変わるなんて、私は許容できません。そんなことをしていたら、誰でも途中で食らい尽くされて、ボロボロになってしまいますよ。我に返ったときには、自分が何者か分からなくなっているでしょう。バラクと私は、この選挙が終わるときまで、結果がどうあれ、目を見ればお互いを認識できる2人でいようと決めています。いまでも、私は彼を見失っていません。

——米国公共ラジオ放送「オール・シングス・コンシダード」
2008年8月25日

Politics is a game, and it's all about mischaracterization. I don't let the game of politics influence what I say and who I will become, because in that way, this process would eat you up and spit you out, and then you look up and you won't know who you are. Barack and I made a promise to ourselves that in the end of this, no matter what the outcome, when we looked at each other in the eye, we would still be able to recognize one another. And I still recognize him.

絆

このままの世界ではだめです。（略）私たちには、あるべき世界を目指して闘う義務があります。その流れをくんで、私たちの心はつながっています。その流れが私の行く道、バラクの行く道、その他多くの道なき道に続いてきたのです。

――「1つの国家」演説（民主党全国大会）　2008年8月25日

The world as it is just won't do. . . . We have an obligation to fight for the world as it should be. That is the thread that connects our hearts. That is the thread that runs through my journey and Barack's journey and so many other improbable journeys.

私が手にした
アメリカンドリームのかけらは、
先人たちが苦労の末に
勝ち取ってくれたものです。

――「1つの国家」演説（民主党全国大会）　2008年8月25日

My piece of the American Dream is a blessing hard won by those who came before me.

同じ価値観

バラクと私は、多くの点で同じ価値観のもとに育っています。たとえば、人生に望むものがあるなら努力すること。自分の言葉に責任を持ち、やると言ったら実行すること。それから、知らない人でも、意見の合わない人でも、他者には尊厳と敬意を持って接すること。

──「1つの国家」演説（民主党全国大会）2008年8月25日

Barack and I were raised with so many of the same values: that you work hard for what you want in life; that your word is your bond and you do what you say you're going to do; that you treat people with dignity and respect, even if you don't know them and even if you don't agree with them.

この国が、
平等への歩みを
終えていないことは、
誰もが知っています。
もっとやるべきことが
あるのです。

――AP通信　2008年8月27日

We all know our country's journey toward equality isn't finished yet. We have more work to do.

父親バラク・オバマ

子どもたちが生まれてからずっと、バラクは留守がちです。私たちにとってはそれが普通のことです。子どもも、父親のスケジュールを理解しています。だから娘たちはすくすく育っているのです。父親の状況を誰も不満に思っていないから。

もしお母さんが大統領だったとしても、それはすごいことです。ただし、お父さんか誰かが野球の試合に付き添い、子どものおしゃべりや大事な話に耳を傾けてくれるかぎり。

子どもが生きていくには、自分たちが一番だと思わせてくれる人が必要なのです。


――『レディース・ホーム・ジャーナル』誌　2008年8月

Barack has been on the road since our kids were born, and we treat that as a normal thing. They understand his schedule. Therefore, they thrive because we're happy about it. And if Mom is president, that's cool, as long as Dad or someone is going to their baseball games, is listening to their stories and their issues. There's got to be someone in a kid's life who makes them feel central.

夫が日々切に願っているのは、よりよい父親になることです。娘たちが彼を感動させるとき、私の胸にも迫るものがあります。何か話したにせよ、ひとこと言っただけにせよ。夫の顔を見れば分かります。それが、私の求めるリーダーの姿です。我が子にそれだけ心を動かされるからこそ、家庭の外では子どもたちみんなのために戦うのです。

――『レディース・ホーム・ジャーナル』誌　2008年8月

Every day, his great desire is to be a better father. It touches me when our girls touch him. Whether it's with a story or a word. You can see it in his face. That's the leader I want: Somebody who is so moved by their own children, that they'll go out there and fight for everyone else's.

成長していく過程

実のところ、誰もが（家庭のことで）苦労しています。人前では話題にしないだけ。

私も変化を余儀なくされました。夫には時間的にどうしようもないことがたくさんあったからです。家にいなかったのですから。

どうやって彼に対する怒りを収めよう、どこから問題に手を付けよう、

The truth is that everybody struggles with it, we just don't talk about it out loud. And then also I had to change. Because there were a lot of things time-wise that he couldn't provide, because he was not there. How do I stop being mad at him, and start problem-solving, and cobble together the resources?

リソースを集めよう？　と。自分には余白と時間が必要だということも、認めるほかありませんでした。実際、自分の時間が増えるほど、ストレスも減っていきました。ですから、私個人にとっても、夫婦としての2人にとっても、それが成長していく過程だったのです。

――『レディース・ホーム・ジャーナル』誌　2008年8月

I also had to admit that I needed space and I needed time. And the more time that I could get to myself, the less stress I felt. So it was a growth process for me individually and for us as a couple, too.

子どものことを思うと

親として胸が張り裂ける思いです。これまでの一部始終を、娘たちは本当にうまく受け入れ、我慢し、聞き分けてくれました。子どもというのは、どんなことにも順応しようとするものです。私たちの務めは、子どもがプレッシャーに押しつぶされるほど多くを求め続けないことです。

――『レディース・ホーム・ジャーナル』誌　２００８年８月

They break our hearts. And they have been so good about this process, and patient, and understanding. Kids will adjust to anything you throw at them. Our job is to not keep asking so much of them that they crack under the pressure.

子どもたちの祖母にはアフリカ系アメリカ人がいて、叔母の1人はインドネシア人です。中国系アメリカ人のいともいれば、アフリカ系アメリカ人のいとこもいます。アフリカには、複数の人種的背景を持ち、アフリカ人でもイギリス人でもあるいとこがいます。

義理の親族をたどると、家族の中に中国系カナダ人もいます。

娘たちの世界は広いんです。


――『レディース・ホーム・ジャーナル』誌　2008年8月

They're living in a family where they've got an African American grandmother and an Indonesian aunt. They've got a Chinese American cousin. They've got African American cousins. They've got a multiracial cousin in Africa who's African and English. The in-laws of our in-laws, who are Chinese Canadian, are part of their families. Their world is bigger.

考えただけであくびが

政策顧問たちとテーブルを囲むなんて――悪くとらないでくださいね――考えただけであくびが出ます。私は、新しく作り出すことが好きなんです。

――『レディース・ホーム・ジャーナル』誌 2008年8月

The notion of sitting around the table with a set of policy advisors— no offense— makes me yawn. I like creating stuff.

この1年、国中を旅して回れたのは、幸せなことでした。ほぼすべての州に足を運び、人々の住まいや台所、コミュニティー・センターに顔を出しました。アメリカの人々がどれほどまっとうに生きているか、私たちの価値観がどうしてこれほど密接に結びついているのか思い出して、希望が湧いてきました。

――『エボニー』誌　2008年9月

It has been a blessing for us to have this opportunity to spend this year traveling the country. We've been in almost every state in this nation, in people's homes, in their kitchens, in their community centers, and just having the opportunity to be reminded of how decent the American people are and how our values are so closely linked, that gives me hope.

自分が何者か分かっていれば

自分の人間性について誤解されたり、悪口を言われたりするたびにしょげていたら、私はプリンストンを卒業できなかったでしょう。ハーバードにも行かなかったし、いまこうして夫と同席していることもないはずです。だから、子どもたちに伝えたい。自分が何者か分かっていれば、ほかの人が言うことは面白い話のタネにすぎないのだ、と。

――『エッセンス』誌　2008年9月

If I wilted every time somebody in my life mischaracterized me or called me a bad name, I would have never finished Princeton, would have never gone to Harvard, and wouldn't be sitting here with him. So these are the lessons we want to teach our kids. You know who you are, so what anybody else says is just interesting fodder.

私は、着るものがその人を表すと考えています。目的のある素敵な催しで、ふさわしい機会があれば、華やかに装いたいものです。でもアイオワで娘たちと選挙活動をしているときは、Ｇａｐの短パンにＴシャツです。

――『エボニー』誌　２００８年９月

I do think that what you wear is a reflection of who you are. I love to look glamorous when there's a wonderful, purposeful event that is appropriate. But when I'm in Iowa campaigning with the girls, I am in Gap shorts and a T-shirt.

最高のアクセサリー

(夫がいれば、それだけで)私にとって最高のアクセサリーよ。

──『エボニー』誌　2008年9月

My best accessory.

身に着けるものの中で一番のお気に入り

バラクと私は、配偶者として、仲間として、恋人として、いろいろな面で互いの装いに一役買っています。身に着けるものの中で私が一番気に入っているのは、私と腕を組んで並ぶバラクです。隣に立って微笑みかけてくれる彼も、私の目の前で聴衆を魅了したり、高齢者センターで年配の人と話したりする彼も。夫のほうも同じでしょう。

――『エボニー』誌　２００８年９月

Barack and I—as partners, as friends, and as lovers—we accessorize each other in many ways. The best thing I love having on me is Barack on my arm and vice versa, whether it's having him standing there smiling at me, or watching him mesmerize a crowd or talk to some seniors in a senior center.

ジャクリーン・ケネディと比較されること

うれしいですよ。彼女がスタイルアイコンだったからというだけでなく、数々の修羅場をくぐり抜けながら、非常に良識的でとても素敵なお子さんたちを育てた人だからです。

『エボニー』誌　2008年9月

I'm flattered, not just because she was a style icon, but because she managed to raise some pretty sane and terrific kids in the midst of a lot of drama and difficulty.

母は私の救済者です。[16] 単にそばにいてくれるからではなく、ポジティブな存在でいてくれるから。子どもたちにたっぷりの愛情を注ぎ、細やかに気遣ってくれる上、規律やルールも教え込んでくれます。おばあちゃんの常で多少の甘さはありますが、1つの家族として、人格形成や価値観の育成に対する考え方という点で、ベースラインはどこまでいっても変わらないのです。

――『エボニー』誌　2008年9月

16）前年に退職した母が、子育てを手伝ってくれていることについて。

She is my salvation and not just because she is there, but because she is there in a positive way. I know that in addition to all the extra love and attention, she is instilling the discipline and the rules. She cheats a little bit as grandmas do, but the baseline in terms of how we as a family believe in instilling character and our values, I know that that's the same across the board.

私という人間を知ってもらえれば

私に会い、私という人間を知ってもらえれば、世間の人に気持ちが通じるはずだと思っています。というのも、私はそれほど人と違っていないから。

――『エッセンス』誌 2008年9月

The reason I think people can connect with me when they see me and get to know me, is that I'm just not that different.

自分がどれほど恵まれているか

自分がどれほど恵まれているか、よく分かっています。私の親族でもそれ以外でも、失敗や間違い、うまくいかないことが1つあっただけで、未来が変わってしまった子をたくさん知っていますから。

——『エッセンス』誌　2008年9月

I know how blessed my gifts are, because I know too many kids in my family and other communities whose futures are different because of one slip, one mess up, one thing that just didn't work out right.

私たちが成長とともに身に着け、吸ったり吐いたりしている価値観は、混じり気なしのアメリカ的価値観です。私が通った学校よりも私らしいもの。肌の色よりも一層私らしいもの。性別よりも私らしいものです。

――『エッセンス』誌　２００８年９月

The values that we've grown up with, that we live and breathe, are pure American values. That is more me than the schools I went to. That is more me than the color of my skin even. That's more me than my gender.

物語の一部に

こういう形で、歴史という舞台に役をもらえるのはうれしいことです。誰にでもあり得ることですが。私たち、家族、その物語が、もっと大きな物語の一部を担うことになるのです。それは、この国が持つ歴史の美しさとややこしさを、みんなが受け止めやすくなるように、物語にひそむ恥も誇りも、さらけ出そうというプロセスです。

――『ワシントン・ポスト』紙　2008年10月2日

It's good to be a part of playing out history in this way. It could be anybody. But it's us, it's our family, it's that story, that's going to play a part in telling a bigger story. It is a process, of uncovering the shame, digging out the pride that is part of that story, so that other folks feel comfortable about embracing the beauty and the tangled nature of the history of this country.

この道のりで忘れてはならないのは、この国の誰もが、成長と生存の歴史を通して結びついているということです。

ある時点では、奴隷を所有する人がいました。曾祖父の時代には、彼に居場所を、家を与え、人生を築くために手を貸してくれた白人一家がいました。そのことがいまの私にもつながっています。そういう人たちをどう捉えたらよいのでしょう?

私が訴えたいのは、彼らもまた曾祖父と同様、私の歴史の一部だということです。

――『ワシントン・ポスト』紙　２００８年10月２日

An important message in this journey is that we're all linked through our histories of growth and survival in this country. Somewhere there was a slave owner—or a white family in my great-grandfather's time that gave him a place, a home, that helped him build a life—that again led to me. So who were those people? I would argue they're just as much a part of my history as my great-grandfather.

理由は彼の価値観だけ

最初の車は錆《さび》だらけで、助手席側のドアには錆穴が開いていました。走っているとき、中から地面が見えるんです。その車が彼のお気に入りでした。エンジンをかけようとすると激しく揺れる車ですよ。「この人、一銭も儲けようなんて気はないんだ」と思いました。彼を好きになるとしたら、理由は彼の価値観だけ。

――『ワシントン・ポスト』紙　2008年10月5日

His first car had so much rust that there was a rusted hole in the passenger door. You could see the ground when you were driving by. He loved that car. It would shake ferociously when it would start up. I thought, "This brother is not interested in ever making a dime." I would just have to love him for his values.

ワードローブはぱっとしませんでした。シャツを5枚に青いスーツを7着、ネクタイはたくさん持っていました。着映えするタイプですが、それは背が高くて痩せているから。彼が服にこだわったことなんてありません。白いジャケットはやめるよう、本気で言いましたよ。

――『ワシントン・ポスト』紙　２００８年10月５日

His wardrobe was kind of cruddy. He had five shirts and seven blue suits and a bunch of ties. He looks good in his clothes because he is tall and thin, but he has never been into clothes. I had to really tell him to get rid of the white jacket.

我が家の子育て

思うに、子どもというのは、枠組みや規則、制約があってこそ健やかに育つものです。そう信じて子育てしています。

バラクが協力的で、ありがたいですよ。

夫は長い1週間を終えて帰宅しても、親としての仕事は母親任せ、自分は楽しいことだけというタイプの父親にはなりません。彼は必ず、家庭内のルールを後押ししてくれます。

寝る時間もルールの1つです。我が家では、かなり厳しく就寝時間が決まっています。


――「ラリー・キング・ライブ」2008年10月8日

I believe that kids thrive with structure and rules and boundaries. I'm a big proponent of that. And I've been grateful that Barack supports that. So when he comes home after a long week away it's not like he's the fun dad who does all the fun and I do all the work. He definitely reinforces the rules that we have in place, and one of those is making bedtime. We have a pretty strict bedtime.

図太くなければ政治なんてできません。
いろいろ言う人がいますから。
この戦いは、私とバラク個人のものではありません。
もっと大きなことです。

――「ラリー・キング・ライブ」 2008年10月8日

You couldn't be in politics if you didn't have a thick skin. There are people who say things. This race just isn't about me and Barack. It's about something bigger.

バラクを怒らせるもの

バラクだって腹を立てますよ。彼はどんな悪口も、堂々巡りの議論も受け入れます。夫を怒らせるのは、自分が何か言われることではなく、国中にはびこる不公平です。

「ラリー・キング・ライブ」 2008年10月8日

Barack gets angry. It's not something that's said about him, he can take any name-calling or the back-and-forth, but it's the unfairness that we're seeing across the country that makes him mad.

テレビを見る時間はありません。その前にベッドへ倒れ込みます。テレビを見ようにも、1分も目を開けていられないんです。バラクが視聴するとしてもスポーツですし。

――「ラリー・キング・ライブ」 2008年10月8日

I don't have time to watch TV. By the time I get through I'm going to hit the pillows so hard. And even when I try to watch TV, I can't keep my eyes open for one minute. And when Barack is watching TV, he's watching sports.

想像していたより

想像していたより選挙活動が好きです。元来人が好きでなければ難儀すると思いますが。興味深いことに、私もバラクも、それから娘たちも、人と接することで力をもらえるんです。疲れているときだって、決起集会で誰かと抱き合ったり、規制ロープ越しに思いがけない場面に遭遇して涙ぐむ人々が見えたりすると、力が湧いてきます。青少年も、これまでになく熱心で、積極的に関わろうとする姿を見せてくれます。それが私たちの力になっています。

――「ラリー・キング・ライブ」 2008年10月8日

I like campaigning more than I would have imagined. This would be a hard thing to do if you didn't fundamentally like people. But interestingly enough, me, Barack, and our girls, we get energy from people. You know, when I'm tired, I get more energy coming out of a rally where I get to get hugs and I see people on the rope line tearing up because they never thought they'd see this moment. I see kids who are focused and engaged in a way that I've never seen before. That gives us both energy.

心の中には、娘たちがいます。私たちの人生を明るくしてくれる存在です。自分がどこにいたって関係ありません。遊説中でも、仕事中でも、車の中でも、彼女たちが心身ともに元気でいるか、いつも気がかりです。楽しく健やかに過ごしていること、傷ついたりしていないことを確かめたくなります。

——応援演説　2008年10月7日

They are our hearts. They light up our lives. I don't care where I am, whether I'm on the campaign trail, at work, in a car, I'm worrying about their health and well-being. I want to make sure that they are happy and healthy and whole.

変革には一人一人の力が必要

バラクは、叶うはずもない約束はしません。彼はずっと「この選挙は私個人のものではない。私たちみんなに関わることだ」と言い続けてきました。変革は、トップダウンでは成り立ちません。ボトムアップで生起するものです。一人一人の力が必要なのです。

――『スター・トリビューン』紙（ミネアポリス）2008年10月14日

Barack's not promising the moon. He's said all along, "This election is not about me. It's about all of us." Change doesn't happen from the top down; it happens from the bottom up. It requires everyone to work.

20か月かけて各地を回り、働く女性や家族と話をしました。

私が聞かれたのは、どうしたらキャリアや仕事をやりくりできるのか、どうしたら子どもたちの健康を守り、必要なものをそろえてやれるのか、どうしたら全部をさばきながら心の余裕を保てるのか、ということです。

彼らには、仕事と家庭を両立するためのリソースがないことに気づきました。充実した家族休暇政策がなければ、どちらもやるなんてあまりにも難しいでしょう。


――『スター・トリビューン』紙　２００８年10月14日

I've spent 20 months traveling around the country, having conversations with working women and families. I hear, how do I manage a career or a job, and ensure that my kids are healthy and have what they need, and make sure I'm not losing my mind in the process of juggling it all? What I've found is that these families don't have the resources they need to make the balance work. It's very difficult to make this work if you don't have a strong family-leave policy.

若い人たち

若い人たちは、政治家からある意味で無視されてきました。おそらく、若者の有権者登録が少なく、投票率も低いから。誰かが、政治は彼らの生活にも関わるものだと教えなければ。そうと分かれば、彼らも積極的に参加するでしょう。若い人は日和見的な態度を取りません。少々ネガティブなことがあっても支持を曲げないのです。むしろ、余計に燃える人たちです。

――『スター・トリビューン』紙　2008年10月14日

Politicians have kind of written young people off, maybe because of their low voter registration, their low voter turnout. You teach them that politics is relevant to their lives. When you do that, they are engaged. They are not fair-weather supporters. They don't get tarnished by a little negativity. In fact, I think that just gins them up even more.

バラクの人生は、若い人たちの確かな指針になるでしょう。

──『スター・トリビューン』紙　２００８年10月14日

Barack's life is a good road map for young people.

アメリカ人

私たちに
どんな違いがあろうと、
私たちをアメリカ人として
団結させてくれるものは
いくらでもあります。

――『USニュース・アンド・ワールド・レポート』誌
2008年10月17日

Despite any differences we may have, there is so much that unites us as Americans.

1年半前の2月、あの寒い凍えそうな日に、イリノイ州のスプリングフィールドで出馬表明をしたとき、夫は立ち上がって言いました。これは、断じて彼個人の選挙戦ではない、そうであってはならないと。

――応援演説　2008年10月22日

When he announced on that cold, freezing cold day in Springfield, Illinois, in February, a year and a half ago, he stood up and he said this race never will be, never should be about him.

政治なんて大嫌い

政治なんて大嫌い。どんな形であれ、巻き込まれるのは今回が初めてです。

――応援演説（オハイオ州アクロン）2008年10月24日

I hate politics. This is the first time in my life that I've ever been involved whatsoever.

朝起きて最初に考えるのも、夜ベッドに入って最後に考えるのも、娘たちのことです。調子はどうと聞かれたら、「一番寂しい思いをしている子と同じくらいかしら」と答えます。

――『ニューヨーク・タイムズ』紙　2008年10月28日

My girls are the first thing I think about when I wake up in the morning and the last thing I think about when I go to bed. When people ask me how I'm doing, I say, "I'm only as good as my most sad child."

運動すること

運動は、私にとって本当に大切なことです。だから、気持ちが張り詰めていたり、ストレスを感じたりするとき、心の糸が切れてしまいそうなときは、iPodを装着してジムに向かうか、娘たちとミシガン湖の周りをサイクリングします。

——『マリ・クレール』誌　2008年10月

Exercise is really important to me. So if I'm ever feeling tense or stressed or like I'm about to have a meltdown, I'll put on my iPod and head to the gym or out on a bike ride along Lake Michigan with the girls.

身長180センチですからね。基本的に靴はフラットです。そのほうがずっと、娘たちの動きにも選挙遊説にも、ついて回りやすいんです。

――『マリ・クレール』誌　2008年10月

I'm 5'11", so typically, I'm in flats. They're much better for keeping up with the girls and the pace of the campaign trail.

好きな楽曲

ビヨンセからスティービー・ワンダーまで、かなり幅広くですが、いろいろ聴きますよ。スティービー・ワンダーは大好きなアーティストで、楽曲として収められたものはおそらく全部持っています。それ以外にも、気になる曲があれば追加します。ちょうど最近、アンソニー・デイビッドというR&B歌手のCDを聴いたところで――彼の曲を（iPodに）入れました。マライア・キャリーの古い歌も聴きます。いまになって、娘たちから昔の曲をすすめられたんです。よい取り合わせになっていますよ。ポップスにR&B、ジャズも入って。

――『マリ・クレール』誌　２００８年10月

I have a pretty eclectic mix of everything, from Beyoncé to Stevie Wonder. He's my favorite artist of all time, so I probably have every song he's ever recorded. But if I hear something I like somewhere, I'll add it. I just heard this CD by Anthony David, who's an R&B guy—I put him on [my iPod.]. I also have some old Mariah Carey; the girls have reintroduced me to some of her older stuff. So I have a good mix: some pop, some R&B, some jazz.

夫はこれからも（我が子を）優先事項にすべきです。たとえ彼が自由世界のリーダーだとしても。他者の模範になるというのは、本人にとってても大切なことです。彼にできるなら、私たちもみな、本気で戦うべき、ということになりますから。

――『ニューズウィーク』誌　２００８年11月５日

And he has to continue to make [his children] a priority even as he's the leader of the free world. I think that's an important thing for him to model for others. It's this notion that if he can do it, then we all have to really fight for it.

私たちの願い

過去1年半にわたってしてきたことを多少なりとも続けたい、それが私たちの願いです。家族の暮らしはできるかぎり分けて考えること、いま直面している事態と娘たちの生活をしっかり分離しておくことです。

要するに、何も起きていないふりをしなければいけません。そういうふりが割とうまくなりました。

今後は難しいことも増えるでしょうが、自分を分かってくれる友だちや家族とつながっていれば（心強いはず）。

――『ニューズウィーク』誌　2008年11月5日

Our hope is that we do some of what we've been doing for the last year and a half. That we really treat our family life as separate as you can, that we keep the girls' lives very set apart from this whole experience. Which means we have to just pretend like this isn't happening. And we've gotten sort of good at it. It'll be a little bit more challenging, but I think that staying connected to friends and family who know you [will help].

バラクは、2年の間ほとんど（家に）いませんでした。ようやく1つ屋根の下で、夕食をともにする生活ができます。子どもたちは下校後、宿題を始める前に大統領執務室まで走っていって父親に会うこともできる、そういう光景が目に浮かびます。家族で朝食をとり、夜には夫が寝かしつけをしてくれるでしょう。

――「60ミニッツ」２００８年11月16日

Barack was gone [from home] most of an entire two-year period. And now, we get to be together under the one roof, having dinners together. And, you know, I envision the kids coming home from school and being able to run across the way to the Oval Office and see their dad before they start their homework. And having breakfast. And he'll be there to tuck them in at night.

テレビで投票結果を見ていたら

テレビで選挙の結果を見ていました。

そうしたら、ある局がバラクの写真を出して、「次期大統領バラク・オバマ」と報じたんです。

私、夫の顔を見て言いましたよ。

「あなたが第44代アメリカ合衆国大統領ですって。何てこと。私たちの住んでいる国ときたら」って。


「60ミニッツ」 2008年11月16日

We were watching the returns and, on one of the stations, Barack's picture came up and it said, "President-Elect Barack Obama." And I looked at him and I said, "You are the 44th president of the United States of America. Wow. What a country we live in."

ホワイトハウスは美しいですよ。畏怖の念を覚えるほど。こんなところに住めるなんて、本当に恵まれているし光栄です。私たちは、この建物が象徴するものをしっかり守っていくつもりです。でも、娘たちがそれぞれの部屋へ駈け込んでいく様子を、想像せずにはいられません。犬と一緒に廊下を走り抜けて。お分かりになるでしょう、新生活を頭の中に描き始めるということが。私たちの願いは、ホワイトハウスが開放的で楽しく、元気と活力に満ちた場所となることです。

——「60ミニッツ」　2008年11月16日

The White House is beautiful. It is awe-inspiring. It is a great gift and an honor to be able to live here. And, you know, we want to make sure that we're upholding what that house stands for. But I couldn't help but envisioning the girls running into their rooms and, you know, running down the hall, with a dog. And, you know, you start picturing your life there. And our hope is that the White House will feel open and fun and full of life and energy.

バラク・オバマ

初めて会ったとき、すっかり好きになりました。

『グッド・ハウスキーピング』誌　2008年11月

When I first met him, I fell in deep like.

セレクション

まだまだある、
あの日あのときの
ミシェル・オバマの言葉たち。

1　若者が地域社会に貢献する意味

自分たちの生活と地域社会との関連について質問する若者が増えました。学生のうちに、地域社会に貢献する意味を理解するのは大切なことです。この世代の若者に、市民としてふさわしい倫理観を教えるのです。それが、大学と地域社会とをしっかり結びつけることになるでしょう。

――『シカゴ・サンタイムズ』紙　1996年10月13日

2　子ども時代

成長とともに悟ったのは、学校から帰ったあと毎日ひどい目に遭いたくなければ、さまざまな事情で苦労している仲間たちの前で、自分の能力をひけらかしてはいけないということでした。賢くあるべきですが、賢そうに振る舞ってはいけません。（まるで）２つの言語を話すようなものです。

――『シカゴ・サンタイムズ』紙　2004年9月19日

3　映画がくれた「ちょっとしたチャンス」

あるとき、パーティーに行くとスパイク・リー監督がいたんです。バラクは「あなたのお陰です」とお礼を言っていました。『ドゥ・ザ・ライト・シング』が「ちょっとしたチャンスをくれた」とバラクが話したので、監督は大喜びでした。この映画を見ている間、私は彼が膝に触れてくることをとがめなかったんです。

――『シカゴ・サンタイムズ』紙　2004年9月19日

4 救世主ではありません

彼は救世主ではありませんよ。願い事や心配事、希望を、バラクという若い男性に託したがる人がたくさんいます。でも人生とはそういうものではありません。まして政治が、それでうまくいくことなどあり得ません。私たちは何事においても、彼の考えをきちんと知らなければいけないのです。

――「ユニバーシティー・ワイヤー」2004年10月26日

5 スターたち

面白いと思うのは、そういうスターたちがバラクに会って大喜びすることです。冗談でしょ？　という感じ。彼らが緊張しているんですよ！　私からすれば、「でもあなたはクィーン・ラティファでしょ」と。バーバラ・ウォルターズが私のところへ来て、「自己紹介させてください」と言うんです。私、あなたのこと知ってますよ。

――『シカゴ・トリビューン』紙　2005年12月25日

6 バラク・オバマを待っているもの

バラク・オバマには転落が待っています。それも大きな転落が。なぜなら、彼は世間が賛同しないことを決断しなければならないから。それが政治というものです。

――『シカゴ・トリビューン』紙　2005年12月25日

7 | オバマガールとバラクの女性ファンについて

第一に、私は他人の行動をコントロールできません。自分ではどうしようもない事柄について、くよくよ考えたりしないんです。貞節に関しては、バラクと私、2人の問題です。

――『エボニー』誌　2006年3月

8 | 公教育について

教員の給与を上げること、親が親としての責任をしっかり果たすこと。こういう話を抜きにして、教育改革を語ることはできません。教育機関やシステムを変えるだけでなく、一般の人々にも行動を変えることが求められるのです。

――『シカゴ・トリビューン』紙　2007年4月22日

9 | やるべきことをやるつもりなら

やるべきことをやるつもりなら、彼はみなさんの賛同を得られないことも言うでしょう。

――『USAトゥデイ』紙　2007年5月11日

10 | フェミニズムについて

そういう名称にはさほど関心がありません。フェミニストとしての目標を聞かせてもらえれば、大部分に賛同すると思います。だからといって、フェミニストということにはなりません。リベラルだとか進歩派だとか、決めつけないのと同じことです。

――――――――『ワシントン・ポスト』紙　2007年5月11日

11 イラク問題

「言わんこっちゃない」なんて悦に入っている場合ではありません。私たちは戦争をしているのです。若者が、男性も女性も、いままさに戦っています。戦争終結については現実的な考え方をしなければ。それがいま話し合っていることです。当時は当時、いまはいまです。いまこそイラク問題に取り組まなければならない、それがバラクの訴え続けてきたことです。繰り返しになりますが、性急なやり方は禁物です。ただ撤退する、資金を完全に断ち切るというわけにはいきません。良識ある方法で、この問題を解決しなければならないのです。[17]

――――――――「グッド・モーニング・アメリカ」　2007年5月22日

17) 2003年、イリノイ州の上院議員だったバラク・オバマは、対イラク戦争に反対を表明する数少ない議員の1人だった。

12 政治の道具には

娘たちを政治の道具にはしたくありません。

――――――――『シカゴ・トリビューン』紙　2007年5月28日

13 大切なのは

子どもの世話を手伝い、私に自分の時間をくれるのがバラクかどうかということは、大して問題になりません。

大切なのは、時間が取れることです。

――――『ピープル』誌　2007年6月18日

14 私の生活

私の生活は、どうすれば成り立つのでしょう？　暮らしやすくなるように、夫に自分の期待を押し付けなくて済むように。

――――『ピープル』誌　2007年6月18日

15 人種差別

人種は、この社会における現実だと思います。(略) この国は大きく前進しましたが、いまだに課題が山積みであることは、ご存じのとおりです。近所に出かけるだけで、人種に関わる出来事を目にします。いまでも存在するのです。この問題を過度に利用する人がいるという批判はあたらないでしょう。実際に影響があるのですから。

――――『シカゴ・サンタイムズ』紙　2007年8月5日

16 子どもたちには

子どもたちには、物事をしっかり考えられる人間になってもらいたい。それが一番の目標です。素晴らしい子たちですよ。地に足がついているし、自信を持っています。今後もそうあってほしいと願っています。

――――『シカゴ・サンタイムズ』紙　2007年8月7日

17 「シークレットの人たち」

家族でよく話をします。選挙戦の計画を話し合うときは、娘たちも参加させるようにしています。子どもたちは、(自宅に）シークレット・サービスがつくことにもすっかり慣れたようです。「シークレットの人たち」なんて呼んでいます。

――『グラマー』誌　2007年9月

18 自分の買い物

いまでもターゲット[18]に行きますよ。自分の買い物は自分でします。

――『ボストン・グローブ』紙　2007年10月28日

18）アメリカの大型スーパー

19 共感抜きには

やるべきことは分かっています。でも、共感抜きには、相互に義務を負っているという感覚がなければ、正しい答えは得られません。まず必要なのはそこでしょう。その上でやっと、医療、教育、無力な刑事司法制度、ブルーカラー職の減少など、黒人コミュニティーに影を落とす諸問題について検討できるのです。私たちの社会に欠けているあらゆるもののせいで、いまこのときも、黒人コミュニティーは大きな打撃を受けています。けれども、人々の魂に触れることなくして、答えにたどり着くことはありません。

――『シカゴ・デフェンダー』紙　2007年11月5日

20｜私たちの関係

私たちの関係は初めから、予期せぬ絶妙な紆余曲折の連続でした。お互いの人生に、極めて大きな影響を与え合ってきました。

――『シカゴ・デフェンダー』紙　2007年11月5日

21｜望みをかける

国民が光熱費、大学のことで悩んでいては、移民、人種、ゲイやレズビアン、戦争におけるアメリカの役割といった諸問題を、突き詰めて考えることなどできないでしょう。なぜなら、みんな不安で、どうしたらよいか分からず、一部の人間からいいように操られやすくなっているからです。それで私は、国が安定し一体感を取り戻せば、そのときこそこうした大きな問題を解決するために何をすべきか、率直に話し合うことができるだろうと望みをかけているのです。

――MSNBC　2007年11月13日

22｜母の助け

母の助けに勝るものはありません。私が家を空けるときも、娘たちを深く愛し、親として伝えたい価値観を理解してくれる人がいる、そう信じていられるのです。母が普段の私より少しだけ子どもたちに夜更かしさせたとしても、夕食で野菜の食べ残しを見逃すことがあったとしても、どういう大人になってほしいかという点で、目標はぶれません。

——MSNBC　2007年11月13日

23 | **キャリアパス**

バラクも私も、以前は悩みました。自分たちは幸運で、才能にも恵まれたと自覚がある場合、どうすればその才能を発揮し、より多くの人に影響を与えることができるだろうか？　と。何をすればよいのでしょう？　地域のまとめ役？　政治？　親としての務め？　私たちの答えは、全部やるべきかもしれない、ということでした。

——『ワシントン・ポスト』紙　2007年11月28日

24 | **「優秀なイケメンインターン」バラクについて**

あまり期待していませんでした。単にはっきりものを言える黒人男性なのだろうと思ったからです。多くの人と同じように、私も経歴をもとにあれこれ推測しました。あとになって彼がバイレイシャルだと知ったんです。そのことをどう捉えるべきか、分かりませんでした。

——『O, オプラ・マガジン』誌　2007年11月

25 | **男性**

男性について気づいたことがあります。男の人はみんな、自分、家族という順番なんです。神様も序列のどこかに

入りますが、一番は自分。これが女性になると、自分は四番目です。健全ではありませんよ。

——『バニティー・フェア』誌　2007年12月

26｜同時進行でやり繰りするには

子どもの頃は大人の教えを受けて、こんなふうに考えるものです。私は女性、おとなしくなんてしていない、やりたいことは何だってできる。できると思いますよ。ただし、同時進行でやり繰りするには、それなりの代償があります。私たち女性はもっと正直に、特に若い女性に対しては、難しい選択を迫られるという現実を前もって知らせておかねばなりません。過酷で、精神的にもつらい消耗戦です。きれいごとでは済みませんから。

——『コンコード・モニター』紙　2007年12月6日

27｜魔法の何か

私のような子はたいてい、やってみようとしません。いいよ、と言って。その通りかもしれません。私も、（プリンストンやハーバードに行く）用意はできていませんでした。多分、私が黒人だから、貧しいから、女の子だから、きれいじゃないから、そういう理由でつかめなかった魔法のような何かがあったのでしょう。

——『コンコード・モニター』紙　2007年12月6日

28｜親の役割を果たす正しいやり方

バラクから学んだのは、親として役割を果たすのにたった１つの正しいやり方などないということです。

――――――『ワシントン・ポスト』紙　2007年12月14日

29｜着々と育てているもの

アメリカでは、やり遂げられないこと、不可能なことのほうが取り沙汰されがちで、それが子どもにも引き継がれています。私たちが着々と育てているのは、疑い深い人々、臆病な子どもたちという新世代です。私は、娘たちの時代にそんなものを望んでいません。

――――――ABCニュース　2008年1月24日

30｜自分の判断に対する疑問

１人目の子を産んでからずっと、自分の判断に疑問を感じてきました。

――――――ABCニュース　2008年1月24日

31｜夫を支えるのは

夫を支えているのは、私の体に染みついた母性です。

――――――ABCニュース　2008年1月24日

32｜報道と現地で見えるものとの隔たり

ご存じのとおり、大統領選には２度の戦いがあります。マスコミの中にも競争があり、報道は、現地で見えるものとかなり隔たっているように感じます。もし、新聞を読むばかりで、現地に長く滞在することがなかったら、アイオワでの結果は予測できなかったでしょう。

——米国公共ラジオ放送「テル・ミー・モア」　2008年1月25日

33　何より重要なメッセージ

私たちが発信できるメッセージの中で何より重要なのは、互いを愛し、敬う堅実な家族であると示すことです。多くの場合、アフリカ系アメリカ人コミュニティーにそういう姿を見ることはありません。

——『ニューズウィーク』誌　2008年1月28日

34　心の準備

私は、大がかりなことを始める前に、悪い方向へ逐一思いをはせるタイプです。今回もそうしましたよ。うまくいかない可能性のある事柄について、とことん考えました。そうやって心の準備をしたんです。いまのところ予想外のことは起きていません。

——「ラリー・キング・ライブ」　2008年2月11日

35　政治の駆け引き

私が一番気に入らないのは、政治の駆け引きです。討論は見ません。張り詰めた状況がいやなのではなくて。ただ、そういう場にいる人たちを見たくないのです。兄のバスケットボールの試合だって、見たいと思ったことはありません。

——『ウォール・ストリート・ジャーナル』紙　2008年2月11日

36 これからのこと

この国が必要としている変革は、厳しいものになるでしょう。アメリカ国民一人一人が、多大な犠牲を払わなければなりません。少なくとも私が大人になって以来、見たことも経験したこともないような国内の結束が求められます。

――「CBSイブニングニュース」　2008年2月15日

37 真実がどういう姿をしているか

アメリカの人々には、真実を受け止める力があります。ただ、それがどんな姿をしているか、知る必要があるのです。

――『ボストン・グローブ』紙　2008年2月21日

38 シークレット・サービスに感謝

私たちは、シークレット・サービスがついてくれることに感謝しています。たぶん、バラクよりも私のほうが。夫はいたって普通に暮らしたがっていますから。これは、いまの生活が普通でなくなったことを知らせる最初のしるしなのでしょうね。

――『ニューズウィーク』誌　2008年2月25日

39 父をがっかりさせたくなかった

父をがっかりさせたくありませんでした。そうなるともう、兄と私は大泣きです。

――『ニューズウィーク』誌　2008年2月25日

40 メディアについて

こういうこと[19]は、いままで学んできませんでした。考える経緯を口に出してはいけないみたい。とりとめなく話すということができないのです。誰かが最初の一片を切り取って、内容をゆがめてしまうから。あのインタビューで私がお話ししたのは、つまり、状況によっては彼女（ヒラリー・クリントン）に（バラクを）支持してほしいということでした。私はそう思ってるし、それゆえ選ばれるのが誰であっても、自分も積極的に支援しないなんて考えられません、と。でも、その部分は放送されませんでした。

——『ニューズウィーク』誌　2008年2月25日

19）候補者の配偶者として、慎重に、制御された話し方をすること。

41 普通ということ

普通というのは相対的なものです。私たちは毎晩話し合っているので、夫婦関係は少しも変わっていないと思います。互いに必要なだけ話し合います。だから、夫と離れ離れだなんて感じません。物理的に一緒の時間という意味では間があくこともありますが、精神的、感情的には、２人ともずっと同じところにいるつもりです。

——『ニューズウィーク』誌　2008年3月3日

42 オーガニックの食品

昨年からは、オーガニックに変えています。食品棚を調べ、ラベルに目を通してみたら、あらゆるものに高果糖コーンシロップが使われていました。いま、うちでは新鮮なフルーツを盛り鉢に常備しています。でも常に新鮮なものを置くとしたら、週に何度かは果物店に足を運ぶ必要があるでしょう。6歳の子はしなびたぶどうや変色したバナナを食べませんからね。食べたいと思わせるには、やはり新鮮でなければ。だけど、一体誰にそんな暇が？

――『ニューヨーカー』誌　2008年3月10日

43 バラクの信託資金

まだあきらめていません。バラクの信託資金がどこかから出てこないものか、と。

――『エバンズビル・クーリエ&プレス』紙（インディアナ州）2008年4月17日

44 彼は言うでしょう

彼は、シニシズム[20]を捨ててほしいと言うでしょう。分断は脇へ置いてほしい。孤立の殻を破り、それぞれの安全領域から出てきてほしい。1歩進んだ自分を目指してほしい、参加してほしいと。バラクは、国民がいままでどおりの、無知無関心な生活に戻ることを決して許しません。

――『ウースター・テレグラム・アンド・ガゼット』紙　2008年5月29日

20）社会の道徳や規範など、すべての物事を冷笑的にながめる態度。

45 候補者の役得である権利

候補者の役得として、各自の思い描く国のありようを最もよく反映してくれそうな人物に、副大統領を任せる権利が与えられます。私はただ、その選出とは無関係でいられることをありがたいと思っています。

――「ザ・ビュー」 2008年6月18日

46 情熱に駆られて仕事をしてみたい

近所の景色を眺めていて、ひらめいたんです。私という人間が形作られた場所で、自分のスキルを発揮すべきだ、と。お金のためだけでなく、情熱に駆られて仕事をしてみたいと思いました。

――『ニューヨーク・タイムズ』紙 2008年6月18日

47 嘘のひどさに驚く

嘘のひどさに驚くことがあるでしょう。「ホワイティー[21]」ですって？ ジョージ・ジェファーソンが口にしそうな台詞だわ。そんなことを言っている人たちは、私を知らないのです。彼らは私のこれまでの人生を知りません。私のことは何も知りません。

――『ニューヨーク・タイムズ』紙 2008年6月18日

21）白人の蔑称。ミシェルがこの言葉を口にしたというデマが広まった。

48 多様性について

ダイバーシティー研修なんてぞっとします。心から正直に、言いにくいことを言えるだけの安心感があってこそ、本当の変化が起こるのです。

――『ニューヨーク・タイムズ』紙　2008年6月18日

49 ローラ・ブッシュが好かれる理由

ローラが好かれるのには理由があります。彼女はね、ご存じでしょう、火に油をそそいだりしないんです。

――『ニューヨーク・タイムズ』紙　2008年6月19日

50 うまくやっていける理由

夫には、私がいます。私の母がいて、娘たちもいます。（女性に）囲まれていて、それが気に入っているみたいです。女性とあっさり打ち解ける人なんです。背中を押してくれる女性がいいみたい。おかげで、私たちは結婚しました。うまくやっていける理由はそれだけです。

――『ロッキー・マウンテン・ニュース』紙　2008年7月17日

51 ベルトコンベヤー

明日には死んでしまうかもしれない。こんなふうに自分の時間を使いたいのか、と自問しなければなりませんでした。弁護士としての業務に情熱や喜びを見いだすことはないと分かっていました。私はベルトコンベヤーに乗っていたのです。ロースクールに進んだのも、それが単に次のステップだったから。

――「ザ・テレグラフ」　2008年7月26日

52｜ヒラリーがいたから

彼女がいたから、夫は候補者として成長できました。娘たちは彼女のおかげで、自分を見つめ直すことができるでしょう。彼女はいつも、親切でオープンで温かく、寛大というほかない、そういう存在でした。

――『シカゴ・トリビューン』紙　2008年7月28日

53｜家族の食生活

ただ夕飯を作ればよいということではありません。栄養があり、新鮮でクリーンでおいしい食材からできた食事でなければいけないんです。時間がかかりますよ。間違いなく。こういう主旨のことが、我が家では多く話題に上るようになってきました。

――『シカゴ・トリビューン』紙　2008年7月28日

54｜批判はつきもの

いまでは、夫婦ともすっかり神経が図太くなりました。表に出て選挙運動をしていれば、必ず批判にさらされます。冷静に受け止めるのみですが、結局のところ、批判はつきものということです。

――「マムロジック・ドット・コム」　2008年7月31日

55｜最近は

サッカーの試合を見て、ターゲットで買い物をする。サイクリングにも出かけるし、娘たちが招待されたお泊り会には必ず連れていく。これまでそんなふうに過ごしてきました。いまも相変わらずですが、最近は何をするにもたくさんの人から注目されてしまって。

—— ニューハウス・ニュース・サービス（NNS） 2008年8月10日

56｜メディア報道

揺らぎやムラがあってはいけません。メディア報道を受け流すと楽になりますよ。たいてい、よいこと尽くしか悪いこと尽くしのどちらかで、世の中の意見を反映したものではありませんから。

—— ニューハウス・ニュース・サービス（NNS） 2008年8月10日

57｜移民

私たちには、1200万人の人々を光の届かない暗がりから連れ出す移民政策があります。

—— AP通信 2008年8月27日

58｜大きな力になっていること

何でもできると自信を持つよう育てられました。それが大きな力になっています。

—— 『ニューヨーク・タイムズ』紙 2008年8月28日

59｜子育てはチーム戦

子育てはチームであたるものだと思います。私たち夫婦で言えば、政界でやっていくだけの技量、意思、願望、能力を持っているのはバラクです。私にその願望はありません。私が思うに、それはよいことです。誰かが子どもに専念しなければいけないのですから、その役割は私が。けれども、夫がやっていたって少しもおかしくありません。養育は母でなければという理由などないのです。ただ、養育が必要というだけです。

――『レディース・ホーム・ジャーナル』誌　2008年8月

60 バラクのメモ書き

夜遅くにこまごましたメモを書き留めているとき（夫はストレスを感じているようです）。彼が本当に思い悩んでいるときは、深夜にたくさんのメモ書きをします。

――『レディース・ホーム・ジャーナル』誌　2008年8月

61 バラクの仕事仲間

助言や指導を受け、知恵を借りるだけでなく、仲よくできて、信頼もあり、腰を据えて話せる相手がいいでしょう。私は彼のチームと付き合うことになる妻として、そう考えているんです。

――『ピープル』誌　2008年9月8日

62 ヒラリーは別格

ヒラリーは別格です。（民主党予備選挙が）一段落した瞬間から、彼女は常に友好的でオープンでした。私から電話して、おしゃべりしたこともあります。子どものことでアドバイスももらいました。いま起きていることについて、どう感じ、どう対応するのか、2人で延々と話し合いました。すごい女性ですよ。本物のプロで、人格者です。

――――「ラリー・キング・ライブ」 2008年10月8日

63 サラ・ペイリンについて

彼女(サラ・ペイリン)は、女性が果たすことのできる役割、果たすべきさまざまな役割について素晴らしいお手本を見せてくれます。ご存じのとおり、私も子どもを持つ母親で、仕事があったので、両方をうまくさばかなければなりませんでした。彼女は、多くの女性が自力でひっそり取り組んでいることを、公開でやっているのです。私たちが何を求めて闘っているかというと、誰もが私やサラ・ペイリンのような選択肢を持てること。家族を苦しめることなく決断するための選択肢です。つまり、私やサラ・ペイリンにあって、すべての女性が手にすべきものとは、選択肢と、その選択を成功させるためのリソースです。

――――「ラリー・キング・ライブ」 2008年10月8日

64 何も手に付かない

家に電話を入れて子どもたちのことで何か問題が起きていたら、その日は何も手に付きません。

――――応援演説 2008年10月22日

65 恵まれていること

自分たちが恵まれていることは、分かっています。

——応援演説　2008年10月22日

66 副大統領候補の指名

副大統領候補の指名って、唐突な出来事ではないかしら。突然注目を浴びて、見栄えを気にすることになるなんて。自宅に暮らし、自分の仕事に専念していたのに、前触れもなく全国区の舞台に上げられて、一挙一動を見張られるんですよ。

——AP通信　2008年10月28日

67 誇りや自信を持たせようとした両親

子どもの頃、両親は私と兄に誇りや自信を持たせようと一生懸命でした。努力すること、夢を追いかけること、自分の力が及ばない事柄でくよくよしないことを、私たちに教えてくれたのです。

——『マリ・クレール』誌　2008年10月

68 子どもの頃の夢

子どもが好きだし、医者というのは尊い職業だと思ったんです。でも、高校の理科が始まって。おまけに数学も。

——『リーダーズ・ダイジェスト』誌　2008年10月

69　障害を持つ人々

障害のある親（ミシェルの父は多発性硬化症を患っていた）が、障害を物ともせず、世間に立ち混じり生きているのを見るたび、考えさせられました。私たちに一体どんな不満があるというのか。朝目を覚まし、ベッドから跳ね起きる。自分たちは健康で満たされている。一方で父は、ベッドから起き上がろうと四苦八苦しているのです。それでも、父が仕事に穴を空けることは１日もなく、病気を話題にすることも決してありませんでした。ですから、朝起きて「学校に行きたくない」なんて言えません。

――『リーダーズ・ダイジェスト』誌　2008年10月

70　全部はできない

（家庭と仕事）全部はできません。

――『ピープル』誌　2008年11月17日

私の抵抗は、自分の考えをはっきり言葉にすることです。見たままを正直に伝えるよう心がけています。そういう人って、公の場にはあまりいないようですね。私のやり方に世間が驚くぐらいですから。

――「ザ・テレグラフ」　２００８年７月26日

Rebellion for me is articulating my views, trying to be honest about what I see. I don't think a lot of people in the public arena do that, because why are people so amazed when I do?

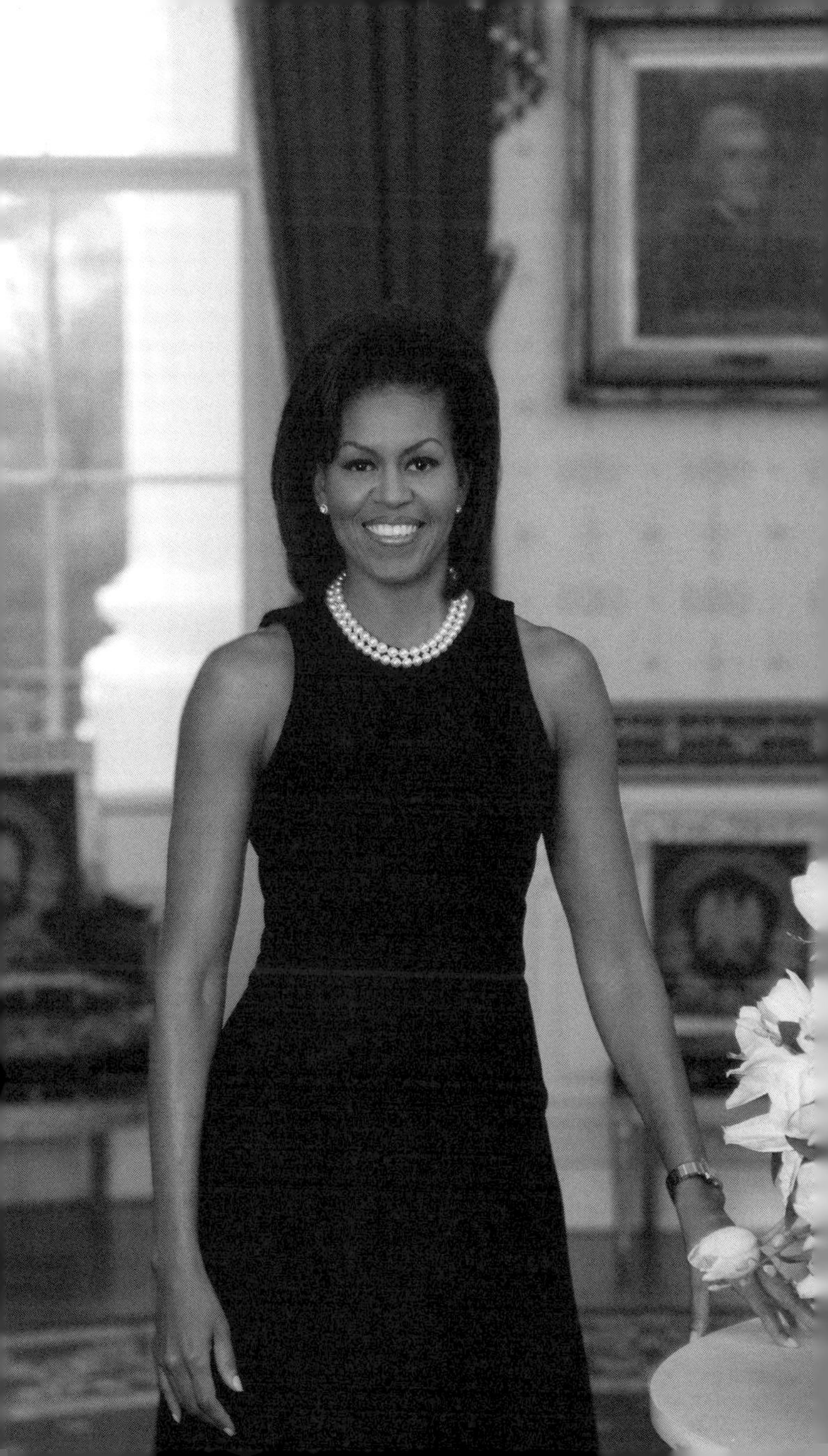

編者　リサ・ロガク（Lisa Rogak）
ニューヨークタイムズのベストセラー作家。
40冊以上の本と何百もの新聞や雑誌の記事を執筆。
ニューハンプシャー在住。

訳者　池田真弥子（いけだ　まみこ）
上智大学文学部心理学科卒業。臨床心理士。専門は発達障害。海外暮らしをきっかけに、国境を越えて研究成果や価値観を紹介し合うことの大切さに気づき、翻訳家を目指す。2児の母で、現在はスイス在住。訳書に『賢い人の秘密　天才アリストテレスが史上最も偉大な王に教えた「6つの知恵」』（文響社）、『ADHDといっしょに！　自分の強みがわかって自信がつく60の楽しいワーク』（東洋館出版）がある。

ミシェル・オバマの生声
本人自らの発言だからこそ見える真実

2025年1月15日　第1刷発行

編　者　リサ・ロガク
訳　者　池田真弥子

装　丁　戸倉巌（トサカデザイン）
本文デザイン　高橋明香（おかっぱ製作所）
本文DTP　有限会社天龍社
編集協力＋校正　日本アイアール株式会社
翻訳協力　株式会社アメリア・ネットワーク
編　集　曽我彩＋麻生麗子＋平沢拓＋関美菜子（文響社）

発行者　山本周嗣
発行所　株式会社文響社
〒105-0001
東京都港区虎ノ門2-2-5　共同通信会館9F
ホームページ　https://bunkyosha.com
お問い合わせ　info@bunkyosha.com
印刷・製本　中央精版印刷株式会社

本書の全部または一部を無断で複写（コピー）することは、
著作権法上の例外を除いて禁じられています。
購入者以外の第三者による本書のいかなる電子複製も一切認められておりません。
定価はカバーに表示してあります。

©2025 Mamiko Ikeda
ISBN 978-4-86651-864-0

この本に関するご意見・ご感想をお寄せいただく場合は、郵送またはメール（info@bunkyosha.com）にてお送りください。

写真：Reuters/アフロ（P.21）
写真：AP/アフロ（P.39、P.59、P.87、P.115、P.129、P.157、P.201）
写真：ロイター/アフロ（P.27、P.63、P.231）
提供：White House/ロイター/アフロ（P.255）